청소년들의 진로와 직업 탐색을 위한
잡프러포즈 시리즈 60

날씨를 번역하고 미래를 해석하는

기상예보관

청소년들의 진로와 직업 탐색을 위한 잡프러포즈 시리즈 60

날씨를 번역하고
미래를 해석하는

기상
예보관

이제광 지음

TALK SHOW

> **"**
> 햇빛은 달콤하고, 비는 상쾌하고,
> 바람은 시원하며, 눈은 기분을 들뜨게 만든다.
> 세상에 나쁜 날씨란 없다.
> 서로 다른 종류의 좋은 날씨만 있을 뿐이다.
> **"**

- 존 러스킨John Ruskin

C·O·N·T·E·N·T·S

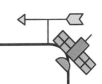

C·O·N·T·E·N·T·S

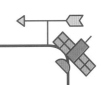

기상예보관 이제광의
프러포즈

PROPOSE _____

안녕하세요! 청소년 여러분 반갑습니다. 대한민국 기상예보관 이제광입니다.

여러분에게 이렇게 제 직업에 대한 이야기를 할 수 있는 기회가 생겨 정말 영광입니다.

우리가 친구들과 약속 잡을 때 중요하게 생각하는 것 중에 하나가 날씨입니다. 약속을 잡았더라도 밖에 비가 오면 나가기가 싫죠. 어떻게 하면 약속을 미룰 수 있을까 고민할 때도 있고요. 또 어떤 날은 태풍처럼 궂은 날씨가 찾아와 밖에서 활동하고 싶어도 너무 위험해 아무것도 할 수가 없을 때도 있습니다. 우리의 활동에 큰 영향을 주는 날씨는 어떤 과정을 거쳐 예측될까요? 이 책이 이런 궁금증을 가진 청소년들에게 가이드를 줄 수 있길 바랍니다.

저는 가끔 그런 생각을 합니다. '도대체 옛날 사람들은 어떻게 위험한 날씨를 미리 알고 대비를 했을까?' 당시에는 아무래도 갑자기 변하는 날씨에 대비하지 못해 많은 사람들이 피해를 입었을 것입니다. 지금은 여러 사람의 노력으로 기상학이 크게 발전하면서 어느 정도 위험한 날씨가 발생할 가능성이 있는지 알 수 있고, 이에 대비하여 피해를 크게 줄일 수 있게 되었습니다.

예보관은 관측된 자료를 토대로 숫자로 계산된 날씨 데이터가 실제 어떤 형태로 나타날지 해석하고 우리의 생활에 어떤 영향을 미칠지 예측해서 정보를 제공하는 날씨해설사라고 생각합니다. 예를 들어 우리가 미술관 또는 박물관에 가면 수많은 유적이나 작품들을 볼 수가 있습니다. 덩그러니 유적이나 작품만을 본다면 그것의 유래나 역사, 의미, 그리고 우리에게 끼친 영향과 같이 자세한 정보를 알 수 없겠죠. 가이드나 해설사가 있다면 훨씬 이해하기 쉽고 기억에 잘 남습니다. 비록 분야는 다르지만 예보관도 날씨 예측을 국민이 쉽게 이해하고 기억할 수 있도록 자세한 정보를 해설하기 위해 노력하고 있습니다.

최근 날씨예보 분야의 기술도 빠르게 발전하고 있고, 이에 따라 얻을 수 있는 경제적인 이익도 커질 것으로 예상됩니다. 기상청 같은 정부기관뿐 아니라 IBM과 구글과 같은 큰 IT 회사에서도 슈퍼컴퓨터와 빅데이터, 딥러닝, AI와 같은 첨단 장비와 기술을 통해서 날씨 예측 정확도를 향상시키기 위해 앞다투어 투자하고 있습니다. 따라서 날씨 데이터를 해석하고 미래를 해석하여 수익을 극대화할 수 있는 예보관의 역할은 더욱 중요해질 것입니다. 여러분이 앞으로 예보관이 된다면 기상청뿐 아니라 더욱 다양한 곳에서 활약하게 될 것입니다.

여러분은 우리나라 날씨 예측이 잘 맞는다고 생각하나요? 혹은 내가 더 잘 맞출 수 있겠네! 라고 생각해보지는 않았나요? 이런 도전정신과 함께 날씨를 사랑하는 마음을 가진 여러분이 예보관에 도전할 수 있도록 이 책이 조금이나마 도움이 되었으면 하는 바람입니다. 여러분이 예보관이 되어 앞으로 저와 함께 예보할 수 있는 날이 왔으면 하는 바람으로 기상예보관을 프러포즈합니다.

첫인사

편 **토크쇼 편집자**

이 이제광 기상예보관

편 먼저 자기소개를 부탁드려요.

이 저는 기상청 예보국에서 일하고 있는 총괄예보관 이제광이라고 해요. 대학에서 대기과학을 전공했고, 2016년에 5급 공개경쟁채용시험에 합격하고, 2018년에 기상전문관으로 선발되어 예보관이 되었어요. TV나 라디오, 인터넷, 애플리케이션에 있는 날씨예보와 호우특보, 폭염특보 등과 같은 특보를 생산 및 발표하는 일을 하고 있어요.

편 이 일을 한지는 얼마나 되었나요?

이 2016년에 기상직 5급으로 기상청에 들어왔고, 예보국에서 일하기 시작한 건 2018년부터예요. 올해로 6년째 접어들고 있네요. 저는 처음부터 예보국에 지원했어요. 그런데 들어왔더니 예보국이 인기가 없는 거예요. 사실 예보국이 힘들어요. 기상청은 어떻게 보면 예보를 위해 존재하는 기관이에요. 여기서 하는 모든 일들이 결과적으로는 국민들에게 기상 예보를 하기 위한 거잖아요. 저는 그게 좋아서 예보국에 지원했어요.

편 다른 부서는 처음부터 생각하지 않고 예보국에서만 일하기로 결심하신 거네요?

이 저는 어차피 예보에 관심이 많아서 다른 부서는 생각하지 않았기 때문에 전문관으로 지원했어요. 그렇다고 처음부터 예보관으로 일을 할 수 있는 건 아니에요. 교육도 받고 업무를 익히는 시간이 필요해요. 처음 2년은 정책과에서 일하면서 예보 업무의 흐름은 어떤지, 어떻게 정책적 판단을 하는지, 예보관을 어떻게 지원할지 등에 대해서 배웠죠. 5급 사무관은 기후국이나 지진화산 분야 등 여러 부서에서 일할 수 있어요. 그런데 예보 전문관이 되면 다른 부서에는 갈 수 없다는 제한이 있어요. 기상청에서 전문관을 육성하려는 의도로 만들어진 직책이기 때문에 그래요. 그걸 알고도 저는 예보 전문관을 선택했고요.

편 날씨에 대한 관심은 언제부터 있었나요?
이 어려서부터 날씨에 관심이 많아서 비나 눈이 올 때면 관측하는 게 취미였어요. 고등학교 때 한 번 비가 엄청 많이 온 날이 있었어요. 교실에 있었는데 처음엔 비가 조금씩 오고 있었어요. 그래서 비를 보고 있는데 갑자기 바람이 불더니 맞은편에서 바람이 엄청 세게 불어와 빗물이 건물을 넘어오고 있었어요. 제가 있던 교실은 니은자 건물의 한쪽 끝이었거든요. 그러니까 대각선으로 보이는 교실 위로 불어난 물이 바람을 타고 넘어온 거였어요. 바람을 따라서 물이 건물 위로 물보라를 만들면서 넘어오는데 정말 깜짝 놀랐어요. 순식간에 벌어진 일이라 너무 놀라기도 하고 너무 신기하기도 했죠. 지금도 물이 건물을 넘어오던 그 장면이 눈에 선해요. 산속에 있는 학교라 그랬는지 갑자기 우박이 확 쏟아지는 날도 있었고, 학교가 있는 동네는 비가 엄청 쏟아지고 바람도 세게 불었는데 옆 동네는 비 한 방울 안 내린 날도 있었어요. 이런 경험이 있으니까 더 기상에 관심을 갖게 되었어요. 그리고 지금 기상청에서 일하면서 그날의 기록을 찾아봤어요. 그랬더니 그날 충청도 어느 지역에 그렇게 비가 내렸다고 기록이 있더라고요. 그것도 신기하고 재미있었어요.

편 기상예보관이 되고 싶다는 생각은 언제 하게 되었나요?
이 정확하게 기상예보관이 되고 싶다는 생각은 안 했는데 고등학교 때 기상 분야로 가고 싶다는 생각은 했었어요. 그래서 대학도 대기과학과로 진학했죠. 기상 연구를 하고 싶어서 대학원에 진학할까 생각도 있었어요. 그런데 갑자기 공부가 하기 싫은 거예요. 너무 재미가 없다는 생각이 한 번 드니까 더 흥미가 떨어지더라고요. 하루 종일 게임만 하는 날도 있었고, 먹고 자기만 하는 날도 있었어요. 그러던 어느 날 '아, 이러면 안 되겠다' 하는 생각이 들었어요. 길을 찾아봐야겠다는 생각이 들면서 내가 할 수 있는 일은 뭘까 고민을 했죠. 예전부터 예보 쪽에는 관심이 있었고 관측 자료를 보는 것도 좋아했어요. 그때부터 예보 쪽으로 취직할 수 있는 데를 찾았어요. 당시 생각에는 전공을 살려서 갈만한 곳은 항공사였어요. 항공사에는 자체적으로 기상 예보를 하는 팀이 있거든요. 그래서 지원했는데 잘 안 됐어요. 그때 기상예보관 5급 시험을 봐야겠다는 생각을 했죠.

편 기상직 5급 시험이 어려웠을 텐데 얼마나 준비하셨나요?

이 2년 동안 시험 준비를 했어요. 사실 1년 째에 1차, 2차 시험에 합격했어요. 5급 시험에서 두 명을 뽑는데 3차 면접에는 세 명이 올라가죠. 세 명 중 한 명은 무조건 떨어지는 거였는데 그때 제가 떨어졌어요. 충격이 엄청나게 컸죠. 도대체 왜 떨어졌을까, 합격 기준이 뭘까, 고민도 하고 너무 힘들었어요. 그래도 다시 도전했어요. 마침 두 번째 해에는 세 명을 뽑아서 다행히 합격을 했어요. 좋아하는 일과 먹고 사는 일이 같아져서 정말 운이 좋았다고 생각해요.

편 이 일을 그만두고 싶은 적은 있나요?

이 그런 적은 없어요. 날씨가 저를 괴롭혀서 힘든 때는 있지만 사람이 괴롭힌 적도 없고 이 일도 좋고요. 날씨 때문에 스트레스를 받는 때가 종종 있는데 또 날씨가 매일 그런 건 아니니까 시간이 지나면 풀리더라고요.

편 이 직업을 선택한 것에 만족하시나요?

이 저는 만족해요. 원래 하고 싶었던 일을 하고 있고, 하고 싶었던 일을 충분히 할 수 있는 공간에서 일하고 있으니까요. 그리고 무엇보다 제가 하는 일이 세상에 좋은 영향력을 미치고 있다는 자부심이 있어요. 요즘 사람들은 아침에 일어나자마자 날씨 앱을 보고 하루를 시작하잖아요. 또 어디 가려고 하면 날씨 먼저 검색해 보고요. 날씨예보는 이렇게 사람들의 생활이랑 밀접한 관계가 있으니까 매일 예보를 생산하는 자부심이 있죠. 또 약간은 미래를 살아가는 느낌도 있어요. 사람들은 보통 오늘을 사는데 기상청 사람들은 3일 이후, 7일 이후, 3개월 이후, 1년 이후를 예측하면서 미래를 살아가죠. 그리고 제가 한 예측이 맞았을 때 느끼는 성취감도 커요. 저의 과학적 지식과 경험이 통찰력을 발휘하는 순간이 오면 너무 기쁘더라고요. 정확한 예측과 판단으로 대비를 잘 해서 사고가 덜 나고 피해가 적었을 때 제가 사람들에게 도움을 주는 일을 하고 있다는 자부심도 들고요.

편 이 직업을 프러포즈하는 이유는 무엇일까요?

이 저는 예전에 국민의 생명을 보호하고 재산을 지키는 일은 경찰이나 소방관, 군인들이 하는 일인 줄 알았어요. 그런데 예보관이 되고 나서 일기예보를 생산하는 일이 곧바로 국민의 안전과 연결되는 일이라는 걸 깨달았어요. 위험을 미리 감지하고 광부들에게 알리는 탄광의 카나리아처럼 사람들에게 빨리 그리고 정확하게 알려서 대비할 수 있도록 도와야 하는 직업이더라고요. 이렇게 얘기하니까 과장된 것은 아닌가 걱정도 되는데요. 그만큼 우리 사회의 안전문제와 이 직업이 맞닿아 있다는 뜻이에요. 그런 책임감으로 일을 할수록 더 잘해야겠다, 더 노력해야겠다는 생각이 들어요. 이 일을 선택하길 참 잘했다는 생각도 들고요. 그래서 날씨에 관심이 많고 대기과학을 좋아하는 청소년이 있다면 저와 함께 이 일을 해 보자고 손을 내밀어 권하고 싶어요. 하늘의 비밀을 먼저 알아채고 미래를 준비하는 멋진 직업이니까요.

기상예보관이란

기상예보관은 누구인가요?

편 기상예보관은 누구인가요?

이 예보관은 날씨를 예측하고 예보를 생산하는 직업이에요. 날씨를 예측할 때는 먼저 슈퍼컴퓨터가 내온 수치예보모델을 봐요. 거기에는 풍속이 얼마, 강수량이 얼마, 기온은 몇 도가 될지 예측한 자료가 있거든요. 결과를 보면 모두 숫자와 기호로만 되어있어요. 그걸 사람들이 알아듣기 쉽게 언어로 풀어내는 과정이 예보의 생산이에요. 그래서 저는 기상예보관이란 수치예보모델의 언어를 해석해서 일반적인 언어로 번역하는 사람이라고 생각해요. 이렇게 생산된 예보는 정부기관과 언론사, 방송사로 전달되어 사람들에게 날씨 정보를 제공하죠.

편 번역하는 사람이라는 표현이 재미있네요. 어떤 면에서 번역이라고 생각하시나요?

이 먼저 날씨를 예측하는 과정에 대해 설명할게요. 날씨 예측은 슈퍼컴퓨터가 담당해요. 슈퍼컴퓨터는 대기의 상태와 운동을 분석해서 미래의 날씨를 예측하는데, 그 결과는 모두 수치로 되어있어요. 날씨를 예측하기 위해서는 대기의 역학적 흐름과 크고 작은 대기의 현상을 계산하는 대기방정식을 풀어야 해요. 세계 7대 수학난제에 내비어-스톡스 방정식^{Navier-Stokes} ^{Equation}이라는 게 있어요. 이 방정식이 날씨 예측에서 매우 중요한데 일반적인 풀이법을 찾지 못했어요. 그래서 100만 달러의 상금이 걸려있죠. 그렇다고 계산을 할 수 없는 건 아니어서 슈퍼컴퓨터는 근사치를 계산하고 날씨를 예측하죠. 이런 과정으로 나온 결과물이 수치예보모델이에요. 수치예보모델 안에는 온갖 기상 정보가 담겨있어요. 그 많은 정보는 모두 숫자와 기호로 되어있어서 일차적으로는 컴퓨터의 언어를 사람의 언어로 바꾸는 번역이 필요하죠. 그런 의미에서 예보관은 번역자라고 생각해요.

편 다른 의미도 있나요?

이 또 다른 의미에서 보자면 해석하는 사람이라고 생각해요. 예보관의 역할 중 빼놓을 수 없는 게 수치예보모델에서 앞으로 기상 변화를 일으킬만한 변수는 없는지 세밀하게 살펴보는 거예요. 왜냐면 수치예보모델은 일기예보를 생산하기 전까지의 자료만 가지고 미래의 날씨를 예측한 거잖아요. 불과 몇 시간 전의 자료이긴 하지만 날씨라는 게 순식간에 변화할 가능성이 있거든요. 이때 필요한 게 실황감시예요. 실황감시는 지금 벌어지고 있는 날씨의 변화를 예보관의 눈으로 관찰하는 거예요. 예보관은 실황감시를 통해 수치예보모델이 내온 결과를 그대로 예보할 것인지, 아니면 실시간으로 변화하고 있는 상태를 반영해서 수정한 내용으로 예보할 것인지 결정하죠. 그래서 번역과 해석을 동시에 해서 일기예보를 생산해내는 게 예보관이라고 생각해요.

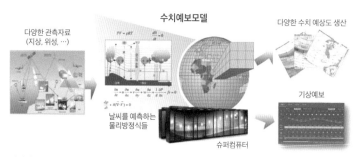

일기예보를 생산하는 과정(출처: 기상청)

일기예보는 어떤 과정을 거쳐서 나오나요?

편 일기예보를 생산하는 일은 여러 단계를 거치는 일이군요. 구체적으로 일기예보는 어떤 과정을 거쳐서 나오나요?

이 일기예보를 하기 위해서는 기상 현상을 관측하는 게 먼저 이루어져야 해요. 지상과 바다, 그리고 지상으로부터 높은 고도의 기상을 관측하는데, 관측 대상에 따라 관측 장비가 따로 있어요. 그리고 모든 지역을 아우르는 레이더 관측과 위성 관측이 있죠. 관측된 자료는 모두 슈퍼컴퓨터에 입력돼요. 국내에서 수집한 자료뿐 아니라 외국에서 관측된 방대한 자료들도 포함되어 있어요. 자료가 입력되면 슈퍼컴퓨터가 수치예측자료를 생산하는데, 이것을 수치예보모델이라고 해요. 슈퍼컴퓨터는 고성능 수치계산을 목적으로 만들어졌기 때문에 방대한 자료들을 매우 빠르게 처리하고 계산하죠. 그런데 이렇게 만들어진 수치예보모델과 각종 예보 분석 자료들만 가지고 일기예보를 할 수는 없어요. 그 자료들을 반드시 현재의 기상 상태와 비교 · 분석하는 과정이 필요해요. 기상이 빠르게 변화되고 있을 때는 몇 시간 전의 상황과 다른 기상 현상이 발생할 수 있으니까요. 그래서 전국의 예보관들이 모여 토의하고 예보를 결정하죠. 토의에 따라 결정된 예보는 방송사와 신문사, 인터넷 등 다양한 매체에 보내지고 이를 통해 전 국민에게 일기예보가 제공돼요.

기상관측

일기예보는 기상 현상을 관측하는 것으로부터 시작합니다. 지상기상관측, 고층기상관측, 해양기상관측, 레이더관측, 위성관측 등을 통하여 기상 자료를 수집합니다.

관측 자료 수집·처리

국내에서 수집한 자료들과 외국에서 송신되는 방대한 기상 자료들이 슈퍼컴퓨터에 입력돼 수치예측 자료들을 생산합니다.

수치모델 운영 및 예측자료 생산

고성능 수치계산을 목적으로 만들어진 슈퍼컴퓨터로, 수치예보모델을 통해 미래의 날씨 예측정보를 생산합니다.

분석 및 의사결정

이렇게 만들어진 각종 예보 분석 자료들과 현재의 기상 상태를 토대로 전국 예보관들이 토의를 거쳐 예보를 결정합니다.

기상정보제공

이렇게 결정된 예보는 방송, 신문, 인터넷 등 다양한 매체를 통해 전 국민에게 제공됩니다.

일기예보의 단계(출처: 기상청)

예보의 방향을 결정할 때 주의할 점은 무엇인가요?

편 예보의 방향을 결정할 때 또 주의 깊게 보는 것은 무엇인가요?

이 예를 들어 비가 오는 날이라면 언제, 어디에 얼마나 내리는지 예보해야 하는데요. 이때 보통 지방자치단체를 중심으로 지역을 나누어 예보하게 돼요. 서울, 인천, 경기도, 강원도 등 이렇게요. 거기서 또 넓이와 지형에 따라 남쪽과 북쪽, 동쪽과 서쪽으로 나누어야 할 때가 있어요. 경기도라면 연천이 제일 북쪽이고 평택이 남쪽이라 연천의 날씨가 평택과 같지 않은 경우가 있으니까요. 그래서 경기도는 남쪽과 북쪽을 나누고, 강원도는 태백산맥을 중심으로 영서와 영동으로 나눠지죠. 비가 올 때 이렇게 지역에 고루 내리면 예보하는 데 문제가 되지 않아요. 그런데 경기도를 봤더니 연천에만 비가 오는 것으로 예측이 되었어요. 이런 경우 경기도 북쪽에 비가 온다고 예보하면 문제가 좀 생겨요. 연천 지역은 4~5만 명으로 인구가 적은데 고양과 파주는 200만 명이 넘는 인구가 있거든요. 만약에 예보관이 경기 북부 지역에 비가 올 것으로 예상된다는 예보를 생산해서 내보내면 경기도 북부 지역에 사는 분들은 그 예보를 듣고 우산을 챙길 것 아녜요. 결과적으로 보면 연천 지역이 아닌 곳에 사는 시민들은 생활에 불편이 생기고 예보가 틀렸다고 인식하게 되죠. 이럴 땐 고민이 깊어요.

편 지역과 장소 말고 또 중요하게 생각해야 할 것은 무엇인가요?

이 시간에 대한 예보도 중요하죠. 예보할 때 쓰는 아침이라는 단어는 보통 6시에서 9시 사이를 말해요. 그런데 비가 오는 시간이 만약에 6시에서 7시 사이로 예상이 돼요. 이때는 출근 시간이잖아요. 그러면 그냥 새벽이라고 해야 할지, 아침이라고 해야 할지 고민이죠. 또 9시까지 비가 오는 건 아닌데 '아침에 비가 오겠습니다'라고 예보하면 틀린 게 되거든요. 이럴 때는 '아침에 가끔 비가 오겠습니다'라고 쓰죠. 뉴스에서 기상리포터가 하는 일기예보는 기상예보관이 제공한 정보를 전달하는 거예요. 그러니까 가능하면 정확한 정보를 전달하려고 여러 가지 표현에도 신경을 쓸 수밖에 없어요. 기상예보를 하는 목적은 사람들이 날씨로 인해 생기는 불편함을 줄이고 이득을 주기 위한 거니까 문구 하나도 허투루 만들 수가 없더라고요.

<편> 날씨 정보를 제공할 때는 시민의 불편도 생각하시는군요.

<이> 예보를 생산할 때는 시간과 장소를 꼭 지정해야 해요. 날씨가 사람들의 생활과 밀접한 관련이 있잖아요. 외출할 때 옷차림을 어떻게 해야 할지, 우산을 챙겨야 할지부터 결정해야 하고, 비나 눈 오는 시간을 피해서 외출 계획도 세우기도 하죠. 또 야외에서 행사를 여는 기업이나 단체는 날씨에 민감할 수밖에 없어요. 날짜는 미리 정해놨는데 그날의 날씨가 행사의 성패와 관련이 있는 경우는 더더욱 그렇죠. 그런 분들에게 비가 언제 얼마나 내리겠다는 정보는 매우 중요해요. 그래서 예보를 생산할 때 언제부터 언제까지 비가 시간당 얼마나 내리겠다는 예측을 가능하면 정확하게 하는 게 필요해요. 그런데 아까도 얘기했지만 이게 정확하게 서울, 경기 남부에 비가 내리겠다는 결론을 낼 수가 없어요. 구름의 모양을 봤더니 인천 전 지역이 아니라 서울에 인접한 지역부터 서울 서부와 경기 남부 일부에 걸쳐있는 거예요. 이런 경우는 인천과 서울, 경기 남부의 일부 지역만 비가 올 거라고 예보하는데, 그 일부 지역의 경계가 모호하니까 누군가는 예보가 맞았다고 생각하고 또 누군가는 예보가 틀렸다고 판단하게 되는 거죠. 특히 인구가 밀집해 있는 서울과 수도권의 경우 만족도가 높은 일기예보를 생산하기가 좀 어려워요.

편 다른 지역에 비해 더 예측하기 어려운 지역도 있나요?

이 대기에 대한 지식만 가지고는 예측하는 데 어려움이 있어요. 거기에 지리적인 지식이 더해져야 해요. 예를 들어 서울에 산이 얼마나 있는지, 그 산의 높이는 어떤지, 산이 없는 지형은 얼마나 되는지 알고 있어야 하는 거죠. 행정적으로 서울은 하나의 지역이지만 기상학적으로 볼 때는 여러 지역으로 나뉘어요. 강남과 강북, 강동과 강서의 강수량이 다르게 나타나는 현상은 지형적인 원인도 있거든요. 그래서 날씨를 예측하는 데는 기상학과 지리학이 매우 중요하죠.

일기예보를 통해 알 수 있는 것들(출처: 기상청)

예보의 종류에는 어떤 것이 있나요?

편 기상예보의 종류가 궁금해요.

이 시간을 기준으로 하면 초단기예보, 단기예보, 중기예보, 장기예보가 있어요. 초단기예보는 현재 실황부터 6시간 이내의 기상 상황을 1시간 간격으로 발표하는 것을 말해요. 초단기예보에는 기온, 강수량, 강수형태, 상대습도, 풍향, 풍속 등 6개의 기상실황과 강수형태, 강수량, 하늘상태, 낙뢰, 기온, 습도, 풍향, 풍속 등 8개의 예보 요소를 알 수 있어요. 단기예보는 오늘, 내일, 모레, 이렇게 3일 이내의 날씨를 3시간 단위로 발표하는 것을 말해요. 정시 기온, 최고·최저 기온, 강수형태, 강수확률, 강수량, 적설량, 하늘상태, 풍향, 풍속, 습도, 파고 등 12개 요소를 알 수 있죠.

편 중기예보와 장기예보는 무엇인가요?

이 중기예보는 향후 3일부터 10일까지 오전/오후로 나누어 매일 2회 발표하고 있어요. 8~10일은 오전/오후로 나누지 않고 하루 단위로 발표하고요. 여기서는 기상 전망, 육상·해상 날씨, 최고·최저기온, 파고를 알 수 있죠. 장기예보는 1개월

초단기예보

지점별 단기 예보

업데이트 주기	1시간
예보시간	+4시간 ~ +6시간 (현재일기와 단기예보사이)
시간간격	1시간
해상도	5km × 5km
요소	온도, 습도, 풍향/풍속, 하늘상태 강수형태, 강수량(1시간), 천둥번개

초단기예보 지도

초단기 강수예보
(10분 단위 업데이트)

단기예보

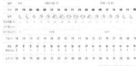

지점별 단기 예보

업데이트 주기	3시간
예보시간	+4시간 ~ +67시간(최대)
시간간격	3시간, 6시간(강수량&적설량)
해상도	5km × 5km
요소	기온/최고기온/최저기온, 습도, 풍향/풍속, 하늘상태, 강수확률, 강수형태, 강수량(6시간), 적설량(6시간)

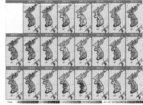

단기예보 지도

예보의 종류(출처: 기상청)

중기예보

업데이트 주기	12시간
예보시간	+3일~ +10일
시간간격	12시간, 1일(+8~+10일)
해상도	10지역과 133개도시 (각 도시는 온도예보만 제공)
요소	최고/최저 기온, 하늘 상태, 강수 형태, 강수 확률

지점별 중기 예보

장기예보 · 기후전망

종류	1개월전망	3개월전망	기후전망
	다음주부터 다섯번째주까지 1개월간 매주 날씨 전망	다음 월 이후 3개월의 날씨를 매월 23일에 전망	다음다음 계절에 대해 연 4회 발표(계절), 다음해에 대해 1년에 한 번 발표(연)
발표일	매주 목요일	매월 23일	(계절) 2·5·8·11 (연) 12월 23일
예보형태		3분위 확률 정보	
예보내용	(주별) 평균기온 및 강수량	(월별) 평균기온 및 강수량 ＊계절별 전망 ·봄: 황사 ·여름: 태풍 ·가을: 태풍	엘니뇨·라니냐 전망, 기온 및 강수 확률 ＊발표월, 예보기간 ·2월: 여름철 ·5월: 가을철 ·8월: 겨울철 ·11월: 봄철 ·12월: 다음해 연 전망
예보지역		전국 12개 구역	전국 평균

전망과 3개월 전망이 있어요. 1개월 전망은 매주 목요일에 발표되며 4주간의 주별 기압계 전망이나, 기온, 강수량 정보를 제공해요. 3개월 전망은 매월 23일에 발표하고, 3개월 간의 월별 기압계 전망과 기온, 강수량을 발표하죠. 그리고 장기적으로는 기후전망이라는 것을 해요. 계절기후전망은 연 4회 발표하는데, 발표일이 5월 24일이라면 다음다음 계절인 가을의 평균기온과 강수량, 엘니뇨/라니냐를 전망하는 거예요. 연기후전망은 연 1회 발표하고 발표일 다음해의 평균기온과 강수량, 엘니뇨/라니냐를 전망하죠.

편 갑자기 비가 많이 내리거나 날씨 변화가 빠를 때는 어떤 예보를 하나요?

이 여름철에는 구름의 규모가 작아 좁은 지역에 비가 내리는 경우가 많아요. 구름의 이동이 빨라 비가 내리는 지역이 순식간에 바뀌기도 하고요. 특히 태풍이 온다거나 갑자기 집중호우가 내릴 때 초단기예보가 중요한 역할을 해요.

초단기예보는 1시간 단위로 제공하는 단기예보와 달리 10분 단위로 제공하고 있어요. 또한 갑자기 비가 많이 내리거나 눈이 많이 내리거나, 위험기상이 발생했을 때는 기상속보를 발표해요. TV에 자막방송이 나가도록 긴급방송 요청을 하고, 위험기상상황이 발생했음을 알리죠.

편 중장기 기상예보의 예측은 정확한 편인가요?

이 아무래도 장기예보일수록 정확도는 떨어지죠. 특히 요즘처럼 기상의 변화가 빠르고 클 경우는 좀 더 어려운 편이고요. 추워지거나 더워지는 변화가 있다거나 비나 눈이 내릴 것 같다는 것은 중기예보를 통해 알 수 있어요. 그런데 중기예보의 눈비 소식은 눈이나 비가 짧게 내릴 때가 아니라 길게 내릴 때의 예측이에요. 짧게 국지적으로 내리는 비는 중기예보가 담아내기 어려워요.

우리나라 기상을 예측할 때는
어떤 어려움이 있나요?

🔵 우리나라는 지역의 특성상 기상 예측이 어렵다는 말을 들었어요. 사실인가요?

🔵 우리나라는 기상을 예측하기 어려운 나라예요. 일단 3면이 바다로 되어 있잖아요. 바다의 기상과 육지의 공기는 성질이 다른데 두 개의 다른 공기가 만나니까 변화가 생겨요. 또 우리나라는 육지의 면적에 비해 산악지형이 많아요. 산맥은 공기의 흐름을 막고 불규칙하게 만들어요. 이러한 지형에서도 날씨가 수시로 변해서 예측을 어렵게 만들죠. 이뿐만이 아니에요. 우리나라 상층 공기의 흐름은 비연속적이에요. 아시아 대륙과 태평양의 경계면에서 성질이 다른 공기가 부딪히는 곳이고, 북반구 중위도에서 아시아 몬순의 영향을 받는 지역이죠. 육지와 해양이 만나고, 두 개의 대기 경계에 있는 만큼 날씨 예측을 하기가 쉽지 않아요.

🔵 구체적으로 어떤 점이 어려운가요?

🔵 우리나라는 급하게 날씨가 변할 때가 많아요. 그리고 비가 오는 날이 많고요. 앞에서도 얘기했지만 비가 내릴 때 수치

예보모델이 오차가 많이 나거든요. 그런데 전국으로 봤을 때 이틀이나 삼일 꼴로 비가 와요. 한 지역이 그렇다는 게 아니라, 서울에는 비가 안 오지만 어딘가는 비가 내린다는 거죠. 제가 세 보진 않았지만 경험치로 어림잡아 1년에 반은 오는 것 같아요. 비가 오는 날은 정말 모든 관측 장비에서 나온 모든 관측 자료를 다 봐야 하거든요. 그것도 예보가 나가는 시간에 맞춰 분석을 끝내고 예보문을 써야 하니까 정말 쉽지 않은 일이죠.

기상 특보는 무엇인가요?

편 일기예보를 보면 기상 특보의 소식도 자주 접할 수 있어요. 특보는 무엇인가요?

이 어떤 기상 현상이 갑작스럽게 발생해서 피해가 우려될 때 전 국민에게 알리는 기상 특보가 있어요. 기상 특보는 단계별로 주의보와 경보가 있는데요. 주의보는 재해가 예상되는 지역의 각 기관과 지역 주민에게 주의를 환기시키기 위해 발표해요. 경보는 재해로 인해 피해가 발생될 것이 예상될 때 발표하고요. 기상 특보는 강풍, 풍랑, 호우, 대설, 건조, 폭풍해일, 태풍, 황사, 폭염, 한파, 이렇게 10종에 대해 해당 지역에 단계별로 발표해요. 그리고 예비 특보라는 게 있어요. 주의보를 발표하기 보통 24시간 전에 내죠. 기상 특보를 내는 이유는 재해로 인해 피해가 예상되니 준비할 시간을 가지라는 의미가 있어요. 특보가 발표된 지역 주민과 지자체, 각 시설에 피해 대비를 위한 주의가 필요하죠.

편 특보를 낼 때 주의해야 하는 게 있을까요?

이 어떤 특보인가에 따라 내는 시간과 과정이 조금 달라요.

풍랑, 폭염, 한파, 태풍 이런 것들은 전날부터 충분히 알 수 있으니까 주의보가 나가기 24시간 전에 예비 특보를 내고, 주의보가 나가고, 그다음에 경보의 기준에 다다르면 경보를 내죠. 예측이 가능한 기상상황에서는 미리 예보도 하니까, 대비할 시간이 충분해요. 그런데 호우와 대설 특보는 그렇지 않아요. 예측도 어려울뿐더러 워낙 상황이 빠르게 변하고 피해가 클 수 있는데 미리 알 수 있는 시간이 별로 없어요. 그래도 최소 12시간 전에는 예비 특보를 내려고 하고요, 만약에 예측한 것보다 강수량이 적으면 특보를 해제하죠.

기상 특보를 낼 때 어려움이 있다면 무엇인가요?

편 기상 특보가 나가면서 시민들은 어떻게 대비해야 하는지, 기관들은 어떤 준비를 해야 하는지도 보도되더라고요. 그럴 때 어려운 일은 없나요?

이 특보를 내기 애매한 상황이 발생할 때가 있어요. 수치예보 모델이 예측한 자료를 보면 강풍이 특보를 내기에 살짝 부족한 수치였어요. 그래서 안 내고 있었는데 갑자기 기준을 넘는 수치로 올라올 때, 순간적으로 놀라죠. 그러면 지체할 시간 없이 바로 특보를 내요.

황사의 경우도 마찬가지로 순식간에 변해요. 모델이 예측하기로는 주의보의 기준에서 한참 못 미쳤는데 갑자기 하늘이 좀 누렇게 보인다 싶더니 자동차에 먼지가 쌓이는 상황이 와요. 이렇게 바람을 타고 갑자기 농도가 변할 때가 있어요. 요즘엔 황사는 경보만 나가고 황사주의보였던 것은 미세먼지주의보로 바뀌었는데요. 급하게 황사경보를 낼 때가 있어요.

편 수치예보모델이 전혀 예측하지 못했다는 말인가요?

이 관측된 시간에는 수치가 적게 나왔는데 시간이 지나면서

기상특보 발표기준

종류	주의보	경보
강풍	육상에서 풍속 50.4km/h(14m/s) 이상 또는 순간풍속 72.0km/h(20m/s) 이상이 예상될 때. 다만, 산지는 풍속 61.2km/h(17m/s) 이상 또는 순간풍속 90.0km/h(25m/s) 이상이 예상될 때	육상에서 풍속 75.6km/h(21m/s) 이상 또는 순간풍속 93.6km/h(26m/s) 이상이 예상될 때. 다만, 산지는 풍속 86.4km/h(24m/s) 이상 또는 순간풍속 108.0km/h(30m/s) 이상이 예상될 때
풍랑	해상에서 풍속 50.4km/h(14m/s) 이상이 3시간 이상 지속되거나 유의파고가 3m 이상이 예상될 때	해상에서 풍속 75.6km/h(21m/s) 이상이 3시간 이상 지속되거나 유의파고가 5m 이상이 예상될 때
호우	3시간 강우량이 60mm 이상 예상되거나 12시간 강우량이 110mm 이상 예상될 때	3시간 강우량이 90mm 이상 예상되거나 12시간 강우량이 180mm이상 예상될 때
대설	24시간 신적설이 5cm이상 예상될 때	24시간 신적설이 20cm 이상 예상될 때. 다만, 산지는 24시간 신적설이 30cm이상 예상될 때.
건조	실효습도 35% 이하가 2일 이상 계속될 것이 예상될 때	실효습도 25% 이하가 2일 이상 계속될 것이 예상될 때
폭풍해일	천문조, 폭풍, 저기압 등의 복합적인 영향으로 해수면이 상승하여 발효기준값 이상이 예상될 때. 다만, 발효기준값은 지역별로 별도지정	천문조, 폭풍, 저기압 등의 복합적인 영향으로 해수면이 상승하여 발효기준값 이상이 예상될 때. 다만, 발효기준값은 지역별로 별도지정
한파	10월~4월에 다음 중 하나에 해당하는 경우 ① 아침 최저기온이 전날보다 10℃ 이상 하강하여 3℃ 이하이고 평년값보다 3℃가 낮을 것으로 예상될때 ② 아침 최저기온이 -12℃ 이하가 2일 이상 지속될 것이 예상될 때 ③ 급격한 저온현상으로 중대한 피해가 예상될 때	10월~4월에 다음 중 하나에 해당하는 경우 ① 아침 최저기온이 전날보다 15℃ 이상 하강하여 3℃ 이하이고 평년값보다 3℃가 낮을 것으로 예상될 때 ② 아침 최저기온이 -15℃ 이하가 2일 이상 지속될 것이 예상될 때 ③ 급격한 저온현상으로 광범위한 지역에서 중대한 피해가 예상될 때
태풍	태풍으로 인하여 강풍, 풍랑, 호우, 폭풍해일 현상 등이 주의보 기준에 도달할 것으로 예상될 때	태풍으로 인하여 다음 중 어느 하나에 해당하는 경우 ① 강풍(또는 풍랑) 경보 기준에 도달할 것으로 예상될 때 ② 총 강우량이 200mm이상 예상될 때 ③ 폭풍해일 경보 기준에 도달할 것으로 예상될 때

종류	주의보	경보
황사	※황사주의보'는 '미세먼지경보'로 대체 ('17.1.13 시행) ※ 미세먼지경보에 대한 정보는 한국환경공단 홈페이지(http://www.airkorea.or.kr)를 참고하시기 바랍니다.	황사로 인해 1시간 평균 미세먼지(PM10) 농도 800㎍/㎥ 이상이 2시간 이상 지속될 것으로 예상될 때
폭염	일 최고기온이 33℃ 이상인 상태가 2일 이상 지속될 것으로 예상될 때	일 최고기온이 35℃ 이상인 상태가 2일 이상 지속될 것으로 예상될 때

※ 체감온도 기반 폭염특보 시범운영(2020.5.15.)
• 체감온도 : 기온에 습도, 바람 등의 영향이 더해져 사람이 느끼는 더위나 추위를 정량적으로 나타낸 온도. 습도 10% 증가 시마다 체감온도 1도 가량 증가하는 특징.

주의보	경보
폭염으로 인하여 다음 중 어느 하나에 해당하는 경우 ① 일 최고체감온도 33℃ 이상인 상태가 2일 이상 지속될 것으로 예상될 때 ② 급격한 체감온도 상승 또는 폭염 장기화 등으로 중대한 피해발생이 예상될 때	폭염으로 인하여 다음 중 어느 하나에 해당하는 경우 ① 일 최고체감온도 35℃ 이상인 상태가 2일 이상 지속될 것으로 예상될 때 ② 급격한 체감온도 상승 또는 폭염 장기화 등으로 광범위한 지역에서 중대한 피해발생이 예상될 때

출처: 기상청

급격하게 수치가 올라갈 때는 수치예보모델에 반영되지 못 해요. 앞에서도 말했지만 우리나라의 지리적 조건이 까다로운 탓에 위험기상이 갑자기 발생하는 경우가 종종 있어요. 그래서 예보관들이 수시로 관측자료를 분석하고 실황감시를 하면서 기상 상태의 변화를 감지하고 있어요.

일기예보, 왜 100% 정확하지 못할까요?

우리나라 기후적 특성, 관측망 여건의 한계, 위험기상 증가

수치예보의 불확실성

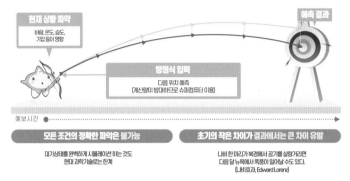

현재 상황 파악
바람, 온도, 습도,
기압 등이 영향

방정식 입력
다음 위치 예측
(계산량이 방대하므로 슈퍼컴퓨터 이용)

예측 결과

예보시간

모든 조건의 정확한 파악은 불가능

대기상태를 완벽하게 시뮬레이션 하는 것도
현대 과학기술로는 한계

초기의 작은 차이가 결과에서는 큰 차이 유발

나비 한마리가 북경에서 공기를 살랑거리면
다음 달 뉴욕에서 폭풍이 일어날 수도 있다.
(나비효과, Edward Lorenz)

수치예보의 불확실성(출처: 기상청)

우리가 더 알아야 할 예보가 있나요?

편 우리가 더 알아야 할 예보가 있을까요?

이 영향예보라는 게 있어요. 폭염과 한파, 태풍과 같은 기상 현상은 사회 경제에 꽤 큰 영향을 미치는 것으로 나타났어요. 2011~2014년 사이 우리나라에서 기상재해로 인한 연평균 재산 피해액은 약 5조 5천억 원으로 추정됐어요. 2001~2010년 사이의 피해액은 약 2조 7천억 원으로 약 2배 이상 증가했고, 그전 10년에 비해서는 약 7배 이상 증가한 액수죠. 최근엔 그 피해액이 더 늘어나고 있고요. 이렇게 사회 경제적으로 큰 피해가 날 수 있는 기상 현상에 대해서 상세한 기상 정보와 함께 전달하는 예보를 영향예보라고 해요. 이때 기상 현상에 대한 취약한 부분이 무엇이고 취약한 대상이 조심해야 할 것은 무엇인지 자세한 정보도 함께 전달해요.

편 구체적으로 어떤 내용인가요?

이 한파 영향예보의 예를 들어 볼게요. 한파 영향예보는 한파로 인해 영향을 받는 6개 분야에 대해 위험 수준을 알리고 이에 따른 구체적인 대응요령을 제시해요. 위험 수준은 4단계로 구분해 신호등 색깔로 발표하죠. 관심 단계는 일상적인 활동이 조금 불편한 정도이고 취약한 대상은 일부 피해가 예상되는 수준이에요. 주의 단계는 해당 지역 일부에서 다소 피해가 예상되는 단계로 한파주의보로 이어질 수 있어요. 경고 단계는 해당 곳곳에서 현저한 피해가 나타나 그 영향이 단기간 지속될 것으로 예상되는 수준으로 한파경보가 내려질 수 있고요. 마지막 위험 단계는 대부분 피해가 있고 곳곳에서는 극심한 피해가 나타나 그 영향이 장기간 지속될 것으로 예상되는 단계로 역시 한파경보와 연계돼요.

편 이런 영향예보의 대응요령은 어떤 건가요?

이 한파 영향예보가 내려지면 각 분야별로 대응요령이 나가요. 보건 분야는 연세 많은 어르신, 장애인이 혼자 거주하는 경우 수시로 전화 등을 통해 안부 확인해 달라고 하고요. 산업 분야는 고혈압 등 한랭 질환 취약자 중 작업을 수행하는 야외 작업자는 가급적 야외 작업을 제한해달라고 하죠. 시설물 분야에서는 장시간은 물론 단시간 수돗물을 사용하지 않는 경우에도 물이 조금 흐를 정도로 수도꼭지를 열어놓기, 수산양식 분야는 양식장 수위를 높게 하고 어류를 월동장으로 이동시켜 피해 예방하기, 농·축산업 분야는 가축은 기온이 떨어지면

출처: 기상청

에너지 소모량이 많아지므로 사료량을 10~20% 가량 늘려서 주기, 기타 분야는 겨울철에는 타이어 공기압이 낮아질 수 있으니 10% 정도 높여서 대비하기 등이죠.

편 뉴스에서 이런 내용의 보도를 본 기억이 있어요. 한파에 대비하는 요령, 폭염에 대비하는 요령이 영향예보에서 나온 것이었군요.

이 네, 맞아요. 영향예보가 나가면 방송과 언론을 통해 시민들에게 대응 요령에 대한 정보를 제공하고 있어요. 그리고 영향예보는 지역별로 다르게 나가기도 해요. 지역에 따라 단계가 다를 수 있고, 취약 분야가 다를 수 있기 때문이에요.

편 일기예보에서 평년, 예년이라는 말을 자주 들을 수 있어요. 이런 말들의 뜻은 뭔가요?

이 기상예보에서 사용하는 평년은 기후학적 평년값을 말해요. 세계기상기구(WMO)에서 정의한 평년값은 과거 30년 동안의 기온, 강수량, 바람 등 기후측정값을 평균낸 값이에요. 전 세계적인 평년값은 1931~1960년, 1961~1990년, 1991~2020년 이렇게 세 차례 산출되었고, 이것을 기후표준평년값climatological standard normal이라고 해요. 현재는 1991~2020년 기후표준평년값을 사용하고 있고, 이 평년값은 기후 변동의 참고자료로 활용되죠. 이 밖에 임의의 30년간의 평균값으로 10년마다 산출하는 기후평년값climatological normal이 있어요. 1951~1980년, 1961~1990년, 1971~2000년, 1981~2010년, 1991~2020년, 이렇게 10년마다 산출하는 거예요. 지금 우리나라 일기예보에서 쓰는 평년값은 1991~2020년에 산출된 기후평년값이죠. 그래서 평년과 비슷하다, 평년보다 기온이 높다, 평년보다 강수량이 많다 등등 현재 날씨를 비교하는 기준으로 사용돼요. 가끔 평년 대신에 예년이라는 단어를 쓰기도 하는데요, 예년은 기후 용어가 아니에요. 예년은 국어사전에 보면 '여느 해'

라고 뜻풀이가 되어 있어요. 그런데 기상예보에서 쓰는 평년이라는 단어는 지난 30년간의 평균값을 말하기 때문에 일반적으로 사용하는 예년과는 뜻이 달라요.

편 지난 30년간의 평균값과 비교했을 때 기후변화가 있나요?

이 기온 평균값이 조금 오르고 있는 건 사실이에요. 사람들이 흔히 이상기후라는 말을 쓰는데요. 예보할 때는 이상기후라고 하지 않고 기후변화가 심하다, 기상 이변이 있다고 하죠. 2022년 10월 초에 비가 많이 내렸어요. 때아닌 가을장마라는 표현도 나왔고요. 가을에 이삼일씩 비가 오는 경우는 많지는 않지만 때때로 있었어요. 그런데 기후변화가 심하다는 걸 느끼는 요소는 비가 아니라 온도예요. 서울의 10월 아침 기온이 15도를 넘었어요. 서울도 그랬지만 다른 지역은 새벽 기온이 20도를 넘었고요. 새벽 기온이 이렇게 높으면 비가 당연히 많이 올 수밖에 없어요. 사실 2022년 10월의 새벽 기온은 과거의 기록에서 찾아볼 수 없을 만큼 높은 기온이 맞아요. 봄에도 기온이 높았고요. 최근 3~4년 사이에 평년과 비교해 기후변화를 느끼는 경우가 많았어요. 이런 것으로 보아 우리나라의 기후가 변화하고 있는 건 사실이라고 생각해요.

기상관측은
어떻게

기상관측은 무엇인가요?

편 기상관측이란 뭔가요?

이 기상관측은 기상예보를 하기 위해서 필요한 기초자료를 모으는 활동이에요. 정확한 관측이 되었을 때 더 정확한 기상예보가 가능하니까 매우 중요한 일이죠. 관측의 요소는 대기온도, 상대습도, 풍향, 풍속, 일사량, 일조시간, 강수량, 대기압력, 지중온도*, 시정, 운량** 등이에요. 관측 방법은 사람이 직접 관측하는 목측***과 실측이 있고, 자동기상관측장비를 이용하는 방법 등이 있어요. 관측된 현재 기상상태는 실시간으로 모니터링이 가능하고 수치예보모델의 기초자료로 제공돼요. 또 과거 자료와의 비교, 분석을 통해 기상을 예측할 수 있고요. 기상상태를 정확하게 파악하기 위해서는 관측하는 지점이 많아야 해요. 땅과 하늘, 바다의 모든 곳에서 관측이 가능해야 하죠. 또 한 나라 안에서 관측한 내용만으로는 기상 예측을 할 수 없어요. 대기는 국경이 없이 넓고 크게 분포되어

* 지중온도 : 지표면에서 지하 수 m까지의 온도
** 운량 : 하늘을 덮고 있는 구름의 양의 비율
*** 목측 : 관측자가 눈으로 보고 관측하는 방법

있고, 그 움직임이 한 나라 안에 머무르지 않거든요. 그래서 전 세계 모든 나라가 국제 연합기관인 세계기상기구^{WMO: World Meteorological Organization}를 통해 기상관측 자료를 공유해요. 그러려면 국제적으로 통일된 규격으로 관측이 이루어져야 하고 상호 협조가 필요해요. 그래서 대부분의 나라에서 정규 기상관측은 국가기관에서 실시하고 있어요. 우리나라의 기상청이 하고 있는 것처럼요.

국내 각 기상관측장비로부터 다양한 네트워크망을 활용하여 자료를 수집하고 전세계 180여 국가와도 실시간 기상자료를 수집하고 교환합니다

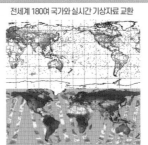

출처: 기상청

기상관측을 하는 장소는 어디인가요?

편 기상청은 기상관측을 어떻게 하고 있나요?

이 기상청은 지상기상관측을 비롯하여 고층 · 해양 · 레이더 · 항공 · 지진 등 분류별 기상관측을 수행하고 있어요. 지상기상은 629개소(종관기상관측장비 96개소, 방재기상관측장비 533개소)의 지상기상관측망과 황사관측장비 35개소를 운영하고 있고요. 고층기상관측장비는 레윈존데 6개소, 연직바람관측장비 10개소를 운영하고 있어요. 해양은 해양기상부이 23개소, 파고부이 72개소, 선박기상관측장비 20개소, 연안방재관측장비 6개소, 파랑계 1개소와 1척의 해양기상관측선(기상 1호)을 운영하고요. 또한, 기상레이더 10개소, 낙뢰관측장비 21개소, 항공기상관측장비 8개소, 지진관측장비 265개소 등의 관측업무를 수행하고 있어요.

편 지상에서 기상을 관측하는 방법은 무엇인가요?

이 지상은 ASOS^{Automated Synoptic Observing System}라는 종관기상관측장비와 AWS^{Automatic Weather System}라는 방재기상관측장비를 이용해서 기상관측을 하고 있어요. ASOS는 지방청, 지청, 기

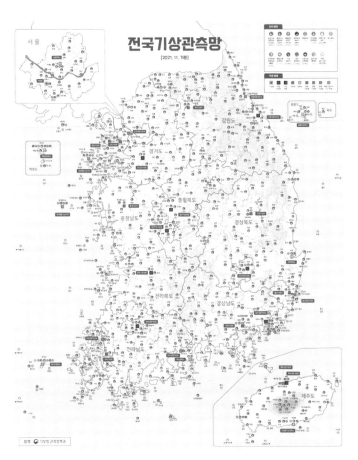

전국기상관측망(출처: 기상청)

상대, 관측소 등 전국 96개소에 설치되어 있고, AWS는 산악지역이나 섬처럼 사람이 관측하기 어려운 곳에 설치되어 있는데요, 전국에 533개소가 있어요. 두 장비 모두 기본적으로 풍향, 풍속, 기온 강수량, 강수유무를 관측하지만 쓰임이 조금 달라요. 기상대에 있는 ASOS에서는 기압, 습도, 일사량, 일조량, 초상온도*, 지면온도** 등을 추가적으로 관측하고 있어요. ASOS에서 관측된 자료는 전 세계로 송출돼서 어느 나라에서나 우리나라 기상관측 자료를 볼 수 있고, 또 우리나라에서도 어느 나라의 자료나 전부 볼 수 있어요. 물론 북한의 자료도 볼 수 있고요. 반면에 AWS는 집중호우, 우박, 뇌우, 돌풍 등과 같은 국지적인 위험기상 현상을 실시간으로 감시해요. 또 태풍, 홍수, 가뭄 등 기상현상에 따른 자연재해를 막기 위해 실시하는데요, ASOS가 설치되지 않은 장소에 설치되어 있기 때문에 관측 공백을 해소하는 역할을 하죠. 두 장비에서 관측된 자료는 모두 실시간으로 수집되어서 수치예보모델의 초기 입력 자료가 돼요. 그리고 관측자료 수집은 1분마다 이뤄지기 때문에 자료의 양이 굉장히 많아요.

* 초상온도 : 온도계의 수감부가 짧은 잔디에 닿을 정도로 설치해서 측정한 기온.
** 지면온도 : 온도계의 수감부가 노출되지 않을 정도로 지면에 얇게 묻어서 측정한 온도.

고층기상관측은 어떻게 하나요?

편 고층기상관측은 어떻게 하나요?

이 풍선을 띄워요. 그냥 풍선은 아니고요, 레윈존데^{Rawinsonde} 라고 불러요. 레윈존데는 가스를 주입한 풍선에 라디오존데를 달아서 상층대기의 기온, 기압, 습도, 바람을 측정하는 기상관측기예요. 최대 35km 상공까지 올라가며 각 지점에서 관측한 자료를 지상 수신기로 보내고 최대 높이에 도달하면 풍선이 터져요. 터진 풍선은 자유낙하를 하다가 어느 지점에서 낙하산이 펼쳐져 지상으로 서서히 떨어지죠. 레윈존데가 자료를 보내는 고도의 지점은 기준이 있어요. 보통 기압의 단위인 헥토파스칼 (hPa)을 쓰는데요. 지상이 보통 1,000 헥토파스칼이고 올라갈수록 기압이 낮아지죠. 그래서 925 헥토파스칼인 약 800m 지점, 850 헥토파스칼인 약 1500m 지점, 이렇게 올라가면서 관측한 자료를 지상으로 보내고 최대 높이까지 갔다가 터지죠.

편 하루에 몇 번, 어디에서 띄우나요?

이 레윈존데는 모든 나라에서 하루에 두 번 정해진 시간에 띄워요. 그리니치 표준시로 0시와 12시니까 우리나라는 9시와

21시에 띄우죠. 레윈존데가 상층으로 올라가는 시간은 그렇게 길지 않아요. 10분에서 20분 사이에 최대 높이에 도달해 터지거든요. 그 짧은 사이에 관측 자료가 거의 실시간으로 들어와요. 외국의 경우 가까운 나라의 자료는 빨리 들어오는 편이고 지리적으로 먼 나라는 두 시간 정도 걸려요. 현재 우리나라는 백령도, 흑산도, 제주도, 포항, 북강릉, 창원, 이렇게 6곳에서 매일 두 번 띄우고 있어요. 그리고 태풍, 집중호우, 대설 등 위험한 기상이 예상되거나 발생하면 기상상태를 파악하기 위해 필요한 시간에 추가적으로 레윈존데를 띄울 수 있어요.

편 사람이 직접 띄우나요?

이 얼마 전까지는 사람이 직접 띄웠어요. 관측자가 풍선과 얼레, 낙하산, 라디오존데를 조립하고 띄우는 장소에 가서 풍선에 가스를 주입해서 날려 보내죠. 레윈존데를 날리기까지 시간이 30분에서 1시간 정도 걸리고요. 무엇보다 밤이나 새벽에 직접 레윈존데를 띄워야 할 때는 위험해요. 특히 태풍이나 집중호우같은 상황에서는 조립이 어려워서 기다려야 하거나, 관측이 제대로 되지 않을 수도 있고요. 수동으로 레윈존데를 띄우는 단점을 보완하기 위해서 자동 발사장치를 2021년에 도입했어요. 지금은 모든 장소에서 자동으로 발사되고 있죠.

고층기상관측을 하는 다른 방법이 또 있나요?

편 고층 관측을 하는 다른 방법이 또 있나요?

이 연직바람관측장비Windprofiler라는 게 있어요. 이 장비는 VHF대(30~300MHz)와 UHF대(300~3,000MHz) 전파를 대기 중으로 발사하고 대기 난류에 의해 후방으로 산란*된 전파를 수신하는 방법으로 지상에서 5km 고도까지 바람 및 대기 상태를 측정하는 장비예요. 레윈존데는 하루에 2~4번 정도밖에 사용할 수 없고, 다시 회수하기 어려운 단점이 있어요. 특히 연속적인 시간 동안 기상상태가 변화하는 것을 알기 어렵다는 아쉬움이 있는 장비죠. 그래서 기상 선진국에서는 시간의 공백 없이 기상관측을 할 수 있는 연직바람관측장비를 많이 활용하고 있어요. 이 장비는 10분마다 관측자료를 생산하니까 실황분석이 필요할 때 유용하고, 수치모델 입력자료로 활용되고 있어요. 현재 기상청은 11개소에 이 장비를 설치해서 운용하고 있어요. 또 라디오미터Microwave Radiometer라는 장비를 연직바람관측장비와 같은 장소에 설치해서 지상에서 10km 고도

---

* 산란 : 파동이나 입자선이 물체와 충돌하여 여러 방향으로 흩어지는 현상

고층기상관측(출처: 기상청)　　　　　　레윈존데(출처: 기상청)

의 기상상태를 관측합니다. 라디오미터는 일정한 고도에서 방출되는 마이크로파 영역의 에너지 강도를 측정하여 기온, 습도, 액체물량 등의 연직분포*를 관측하는 장치예요. 이렇게 레윈존데, 연직바람관측장비, 라디오미터 등의 장비를 같은 장소에 설치하여 통합고층기상관측망을 구축해서 10분 간격으로 자료를 산출하고 있어요.

* 연직분포 : 수직으로 잘랐을 때 단면의 온도 분포를 의미.

위성에서 기상관측도 하나요?

편 위성에서 기상관측도 하나요?

이 기상청은 정지궤도 기상위성인 천리안위성 1호(2010. 6~
2020. 3)에 이어 천리안위성 2A호(2018. 12. 5~현재)를 통해 기
상위성 관측을 수행하고 있어요. 정지궤도 기상위성은 고도
36,000km 상공에서 지구 자전 속도와 같은 속도로 공전하여
항상 일정한 지역의 대기와 지표면을 관측하는 위성이에요.
천리안위성 2A호는 전 지구를 10분, 그리고 한반도 주변 지역
을 2분마다 관측하고 있죠. 기상위성은 해양을 포함해 지상에

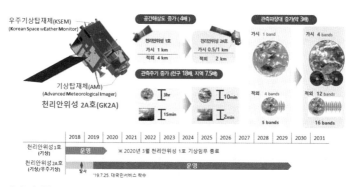

출처: 기상청

서 관측이 어려운 지역에서 기상자료를 생산하여 태풍, 집중 호우와 같은 위험 기상을 실시간으로 감시하는 역할을 해요. 또 수치예보모델에 활용되고 있고요.

편 기상레이더는 무엇을 관측하나요?

이 기상레이더는 전파를 대기 중에 발사하여 강수입자에 부딪혀 산란되어 되돌아오는 신호를 이용하여 강수지역, 강수세기, 이동속도 등을 탐지하는 원격관측장비예요. 집중호우, 태풍, 우박 등이 내릴 때 강수현상을 짧은 시간 동안 입체적으로

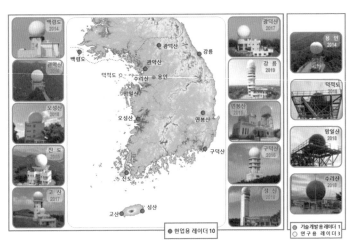

출처: 기상청

파악할 수 있어 위험 기상을 조기에 감시하고 예측하는 역할을 하죠. 전국에 현업용 기상레이더관측소 10개소(백령도, 관악산, 광덕산, 강릉, 군산 오성산, 진도, 면봉산, 구덕산, 고산, 성산), 기술개발용 레이더 테스트베드(용인) 1개소, 소형 기상레이더 3개소(수리산, 덕적도, 망일산)를 설치하여 운영하고 있어요. 여기서 나온 관측 자료는 환경부 7개소, 국방부 10개소의 레이더 자료와 실시간 교환하여 공동으로 활용하고 있고요. 또한, 중국, 일본, 러시아 등 우리나라 주변 국가와 43개소의 레이더자료를 교환하여 동아시아 기상현상의 감시와 예측에 활용하고 있죠.

낙뢰를 관측하는 장비도 있나요?

(편) 특히 여름철에 천둥 번개가 칠 때가 있어요. 이런 낙뢰도 관측이 가능한가요?

(이) 낙뢰는 갑작스런 전기적 방전현상으로 주로 뇌우가 있을 때 발생해요. 대기 중의 방전은 구름과 지면 사이의 대지방전, 구름과 구름 사이에서 발생하는 운간방전, 그리고 구름 속에서 발생하는 구름방전으로 나뉘어요. 일반적으로 낙뢰는 수백만 볼트에 이르는 전하가 흘러서 매우 큰 피해가 날 수도 있어요. 그래서 기상청은 국민의 생명과 재산을 지키기 위하여 낙뢰를 관측하고 예보하는데 노력하고 있죠. 기상청은 1987년에 LLP^{Lightning Location and Protection} 시스템을 도입해서 한반도에서 발생하는 낙뢰현상을 관측해 예보업무에 활용하여 왔어요. 장비 노후화 등의 문제로 2001년 10월 IMPACT · LDAR II^{Improved Accuracy from Combined Technology. Lightning Detection And Ranging II} 시스템을 도입해서 운영했어요. 기존의 LLP 시스템에 비해 IMPACT · LDAR II 시스템은 방전현상의 90% 이상을 차지하고 있는 것으로 알려져 있는 구름방전을 관측할 수 있었죠. 현재 기상청에서 운영 중인 낙뢰관측시스템은 LINET^{Lightning}

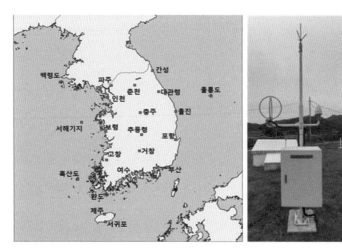

낙뢰관측망 구성도(출처:기상청)

NETwork로 2014년에 독일로부터 도입된 장비로, 하나의 센서가 대지방전과 구름방전을 모두 관측할 수 있어요. 그래서 낙뢰의 발생시각, 위치, 강도, 극성 등의 낙뢰관측자료는 시각화되어 홈페이지와 모바일 웹 서비스를 통하여 국민에게 제공되고 있죠.

바다에서는 기상관측을 어떻게 하나요?

편 바다의 기상관측은 어떻게 하나요?

이 우리나라는 삼면이 바다로 둘러싸여 있고 편서풍이 부는 지역에 위치해서 해양 기상관측 자료가 매우 중요해요. 그래서 해양 자료를 확보하기 위해 여러 장비와 장치를 갖추고 있어요.

먼저 해양기상부이Ocean Data Buoy라는 장비가 있는데요. 이 장비는 해수면에서 해양기상현상을 다양한 기상장비로 관측해서 위성 등 원격통신을 이용해 관측자료를 전송하는 장비예요. 형태에 따라 선박형과 원반형 두 가지가 있어요. 해양기상부이는 풍향과 풍속, 기압, 기온, 습도, 파고, 파주기, 파행, 수온 등을 30분마다 관측해서 자료를 전송하죠. 파고와 파주기 관측의 경우에는 해수면에서 부이 몸체의 움직이는 가속도를 측정해서 분석해요. 해양기상부이보다 가까운 바다에는 파고부이Coastal Wave Buoy를 설치하고요. 파고부이는 70cm 정도의 소형 관측 장비로 서해안과 남해안처럼 복잡한 지형에서 국지적으로 다르게 나타나는 파고를 관측해서 CDMA로 자료를 전송하는 장비예요.

해양기상부이(출처: 기상청)

편　바다에 떠 있는 장비가 많네요. 구조물이나 땅에 설치하는 장비도 있나요?

이　등표기상관측장비Light House AWS가 있어요. 등대와 같이 항로표지를 하는 등표나 관제탑 등의 해양 구조물에 기상관측장비를 설치해요. 수중의 풍향, 풍속, 기압, 파고, 파주기, 수온을 관측해서 위성을 통해 자료를 전송하는 장비죠.

　　파고와 파주기를 관측할 때는 해저에 설치된 파고계에서 수압의 변화를 측정해 분석할 수 있어요. 그리고 파랑계Wave Radar가 있는데요, 마이크로파를 해면으로 보내서 반사되는 파를 수신하는 방법으로 파고를 관측하는 장비예요. 파랑계는 파고부이가 도입되기 전에 가까운 바다를 관측하려고 해안의 언덕이나 절벽 꼭대기에 설치했어요. 해수변으로부터 20~100m에 설치되어 있으면서 파고, 파주기, 파향, 파속, 파장 등을 관측하고 현재 6개소가 운영되고 있어요.

해양관측 자료도 모두 전 세계 국가로 전송되고요. 그리고 표류부이Drifting Buoy라는 것도 있어요. 해양기상관측장비를 설치하기 어려운 우리나라의 먼바다나 한 · 중 중간수역, 한 · 일 중간수역 등에 투하하여 먼바다의 기상관측자료를 생산하죠. 특히, 태풍 진로 추적과 서해안 및 영동지방 겨울철 대설 등 해양 위험 기상을 관측하고 감시하는데 활용해요. 표류부이는 직경 40cm의 구형으로 파고, 수온, 기압 등을 관측해서 위성통신을 이용해 자료를 전송하죠.

등표기상관측장비
(출처: 기상청)

파랑계

표류부이

바다의 날씨를 관측하는 다른 장비는 무엇이 있나요?

편 역시 3면이 바다로 둘러쌓여서 해양관측장비가 많네요. 다른 장비도 있을까요?

이 기상관측선(기상1호)이 있어요. 해양에서 능동적이고 입체적인 기상관측을 위해 2011년에 498톤 규모의 기상관측 전용 선박인 기상1호를 만들었어요. 기상1호는 해양기상, 고층기상, 해양물리현상을 관측하기 위해 자동기상관측장비, 고층기상관측장비, 웨이브 라이더 부이, 초음파해류 관측장비 등을 선박에 탑재하고 있죠. 연간 160일 이상 운항하며, 관측 범위는 수평으로는 서해, 남해 및 근해구역으로(11°S-63°N, 94°E-175°E) 항행하며 연직으로 수중 3km에서 고층 20km까지 관측하고 있어요.

기상관측선 기상1호
(출처: 기상청)

편 연안방재관측시스템Coastal Long Wave Monitoring System이라는 게
있다고 들었어요.

이 연안방재관측시스템은 바다에서 날 수 있는 사고 예방을
위해 실시간으로 해양관측을 하는 장비예요. 연안 지역에 설치
하여 풍향, 풍속, 기압, 수위를 측정하고, 해안지역의 기상실황
감시를 위해 CCTV도 함께 설치되어 있죠. 다른 해양기상관측
장비에서 관측하는 파고는 주로 주기가 짧은 단주기파인데 비
해, 연안방재관측시스템에서는 보다 주기가 긴 장주기파를 관
측하는 게 특징이에요. 날씨가 좋은 경우에도 해안지역에 피해
를 주는 기상해일이 장주기 성분을 가지고 있기 때문이죠. 마
이크로파를 해수면에 수직으로 송신한 뒤 반사되는 파를 수신
하여 해수면까지의 거리의 변화(수위의 변화)를 측정해요.

편 해양ㆍ항만기상관측시스템은 무엇인가요?

이 해양ㆍ항만기상관측시스템Port Weather Monitoring System은 선
박 교통이 집중되는 항만에서 위험 기상 및 해양 현상을 감시
하고, 선박의 안전한 운항과 선적ㆍ하역 등에 유용한 정보 생
산에 필요한 관측 자료를 생산해요. 현재 부산항과 평택항에
구축되어 있어요. 해양ㆍ항만기상관측장비를 통해 관측되는
요소는 풍향, 풍속, 기온, 습도, 파고, 파주기, 수온 등이고요.

기상상태를 예측할 때 어떤 자료가 중요한가요?

편 기상상태를 예측할 때 어떤 자료가 중요한가?

이 모든 자료가 다 중요하지만 대기의 흐름이 고층에서 일어나기 때문에 고층 자료가 가장 중요해요. 그중에서도 우리나라 기상에 직접적인 영향을 미치는 지역은 서쪽, 그러니까 중국 쪽이죠. 대기가 중국 쪽에서 우리 쪽으로 흐르기 때문에 중국의 기상관측 자료는 우리나라 기상을 예측할 수 있는 기본 자료라고 볼 수 있어요. 중국이 레윈존데를 띄우면 우리 쪽으로 바로 자료가 들어와요. 그 자료를 보면 중국 상공의 대기 구조와 대기에 포함된 수증기의 양을 알 수 있어요. 중국 상층에 있는 구름이 얇고 수증기가 적으면 비가 내릴 가능성이 적고, 구름이 두껍고 수증기가 많으면 우리나라로 유입되었을 때 비가 올 가능성이 높아요. 중국 쪽 상층에 두께가 4km 정도의 구름이 예측되었다면 먼저 수치예보모델이 예측한 수증기의 양을 확인해요. 그리고 실제로 구름이 지나가는 중국 지역에 비가 내렸는지도 확인하고요. 비가 왔다면 우리나라도 비가 올 수 있겠다고 판단할 수 있죠.

📧 중국에서 비가 오면 우리나라도 비가 온다는 걸까요?

📧 같은 구름이 흘러온다고 해도 중국과 우리나라의 기상 상황이 똑같지는 않아요. 예를 들어 중국에서 4km 두께의 구름대가 형성되었는데 중국의 대기가 건조해서 비가 안 내렸어요. 슈퍼컴퓨터는 중국에서 비가 안 내렸으니까 우리나라도 비가 안 올 것이라는 결과를 내요. 그런데 우리가 실황감시를 해 보니 이 구름이 우리나라로 오면서 두께가 5~6km로 두꺼워졌어요. 또 우리나라의 대기는 중국보다 수증기가 많아요. 그러면 우리나라에 비가 내릴 가능성이 매우 높죠. 슈퍼컴퓨터가 예측한 결과와 실황감시를 통한 자료를 비교하고 검토한 결과가 다를 수 있어요. 이럴 때 예보관들의 경험치가 판단의 근거가 돼요. 오랫동안 예보를 해 온 예보관들은 구름의 모양과 대기의 상태로 보아 우리나라에 비가 내릴 것이라고 예측하거든요.

슈퍼컴퓨터와
수치예보모델

슈퍼컴퓨터의 역할이 궁금해요.

(편) 슈퍼컴퓨터의 역할이 궁금해요.

(이) 슈퍼컴퓨터는 첨단 과학기술이 만들어낸 엄청난 도구예요. 컴퓨터의 컴퓨터라고 할 만큼 어마어마한 양의 계산을 아주 빠르게 하는 컴퓨터를 말해요. 기상·기후, 입자물리, 천문우주, 생명공학 등 엄청난 계산 성능을 필요로 하는 분야에 쓰이죠. 또 핵실험 등과 같이 실험이 매우 어렵거나 불가능한 경우 슈퍼컴퓨터를 이용해 시뮬레이션을 하고요. 그래서 요즘엔 슈퍼컴퓨터를 몇 대 보유하고 있느냐에 따라 그 나라의 국력을 가늠할 수 있다는 말도 나와요. 슈퍼컴퓨터 순위 사이트도 있어서 매년 순위를 선정하고 있어요. 2022년 11월에 열린 '슈퍼컴퓨팅 컨퍼런스(SC22)'에서 우리 기상청의 구루GURU가 35위, 마루MARU가 36위에 이름을 올렸지요. 기상청이 보유한 슈퍼컴퓨터는 628억 원을 들여 도입했어요. 이 슈퍼컴퓨터는 기상청에서만 쓰는 건 아니고 기상·기후와 지구과학분야의 연구자들이 신청하면 사용할 수 있어요.

슈퍼컴퓨터 4호기 누리2와 미리. 현재는 슈퍼컴퓨터 5호기 두루, 마루, 그루를 사용하고 있다.
(출처: 기상청)

대기의 상태와 움직임을
재현하는 방정식계

수치모델을 단시간에
계산하는 슈퍼컴퓨터

관측 자료

방정식을 계산하기 위한
슈퍼컴퓨터용 프로그램

예측 결과

슈퍼컴퓨터가 예측 결과를 산출하는 과정(출처: 기상청)

편 슈퍼컴퓨터의 성능도 매우 우수하지만 값도 그렇게 비싸다니 놀랍네요. 이렇게 우수한 성능의 슈퍼컴퓨터는 왜 필요한가요?

이 슈퍼컴퓨터의 가장 큰 역할은 수치예보모델을 통해 미래의 날씨를 예측하는 거예요. 앞에서도 얘기했지만 날씨를 예측하기 위해 필요한 대기방정식은 정말 복잡한 방정식으로 정확한 풀이법은 없어요. 다만 수치해석적인 방법으로 대기방정식 값과 비슷한 값을 슈퍼컴퓨터가 계산할 수는 있어요. 이런 근사값으로 날씨를 예측하는 모델을 만들고요. 그런데 이렇게 도출된 값은 어디까지나 근사값이라서 오차가 생길 수밖에 없어요. 이 오차는 모델의 해상도를 높이고, 조건들을 조금씩 바꾸어 여러 번 계산하면서 줄여갈 수 있어요.

수치예보모델은 무엇인가요?

편 슈퍼컴퓨터가 필요한 이유가 수치예보모델을 생산하기 위한 것이군요. 그럼 수치예보모델이란 무엇인가요?

이 수치예보모델은 관측자료가 입력되면 수치적인 계산을 해서 미래의 대기 움직임과 날씨를 시간대별로 예측해내는 컴퓨터 소프트웨어 프로그램이에요. 사실 기상현상은 시간과 공간이 딱 나눠지지 않고 연속적으로 일어나요. 그런데 컴퓨터 상으로는 이렇게 이어져 있는 기상현상을 계산할 수가 없어요. 그래서 지구를 바둑판처럼 격자로 나누어 격자점마다 대기의 상태와 운동에 대한 방정식을 계산하도록 프로그램을 만들었어요. 각 격자점의 기압, 바람, 온도, 강수 등에 대한 값을 입력해서 계산하는 시스템이에요. 그래서 격자의 간격에 따라 예측한 값이 달라져요. 격자가 넓으면 오차가 커지고 격자가 좁으면 더 정확한 예측이 가능하죠. 그런데 문제는 격자의 간격이 좁으면 격자점이 그만큼 많을 거 아니에요? 격자점이 많다는 건 계산해야 할 양이 엄청나게 늘어난다는 걸 의미해요. 그러니까 격자점을 많이 만들수록 슈퍼컴퓨터의 성능이 좋아야 한다는 문제가 있죠.

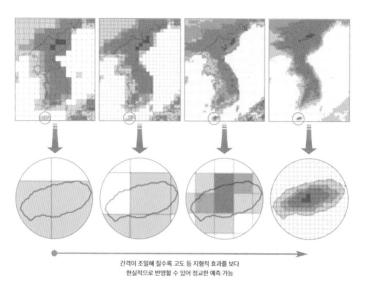

간격이 조밀해 질수록 고도 등 지형적 효과를 보다
현실적으로 반영할 수 있어 정교한 예측 가능

출처: 기상청

편　격자의 크기에 따라 계산해야 할 양이 많아서 성능이 좋은 슈퍼컴퓨터가 필요하군요. 그럼 우리나라의 수치예보모델은 어떤가요?

이　이렇게 격자 크기의 차이를 해상도의 차이라고 해요. 격자 크기가 클수록 해상도가 낮고 작을수록 해상도가 높은 거죠. 해상도가 높은 모델일수록 기상현상을 더 잘 파악하고 예측이 정교해져요. 하지만 해상도를 높이는 건 간단한 문제가 아니에요. 해상도가 높아지려면 관측자료가 더 많아져야 하고 컴퓨터의 성능도 더 높아져야 해요. 보통 수치예보모델의 해상도가 두 배로 증가하면 컴퓨터의 계산량은 15~20배 정도 증가하거든요. 우리나라의 수치예보모델은 비교적 해상도가 높은 편에 속해요.

우리나라 수치예보모델의 정확도는
어느 정도 수준인가요?

編 우리나라 수치예보모델의 정확도는 어느 정도 수준인가요?

李 정확도가 어느 수준이라고 얘기하기는 어려워요. 아무리 정교한 수치예보모델이라고 하더라도 급격하게 변하는 날씨를 100퍼센트 정확하게 맞출 수는 없으니까요. 대신 수치예보모델을 사용하는 나라들과 비교한 자료는 있어요. 세계에서 수치예보를 하는 나라는 13개국 정도뿐이에요. 그만큼 기술력이 많이 필요하고 성능이 좋은 슈퍼컴퓨터를 보유하고 있어야 가능한 일이거든요. 그 나라들끼리 매달 수치예보모델의 예측 오차자료를 교환해요. 이 자료들을 근거로 추정하면 우리나라는 유럽연합, 영국, 일본, 미국 다음으로 오차가 적어요. 그건 한국형 수치예보모델을 개발했기 때문에 가능했던 것 같아요. 우리나라는 2011년부터 우리나라의 지형과 대기 조건을 반영한 한국형 수치예보모델을 개발하기 시작해서 2019년 완료했어요. 그전에는 외국에서 들여온 수치예보모델을 사용해서 오차가 조금 더 컸는데 현재는 그 오차도 조금씩 줄여나가고 있어요.

수치예보모델이 어떻게
만들어지게 되었는지도 궁금해요.

편 수치예보모델이 어떻게 만들어지게 되었는지도 궁금해요.

이 일기예보는 과학기술의 발전에 힘입어 성장했어요. 19세기에 기상관측 도구의 발명으로 일기도를 만든 것도 획기적인 일이었지만 20세기에 컴퓨터의 발명과 수치예보 이론의 발전은 일기예보의 수준을 비약적으로 끌어올렸죠. 사실 컴퓨터의 발명에 앞서 수치예보 이론이 먼저 나왔어요. 수치예보는 정량적으로 날씨를 예측하려는 과학자들이 고안해 낸 이론이에요. 날씨를 예측하는 건 예나 지금이나 무척 어려운 일이에요. 그래서 옛날 사람들은 제비가 낮게 날면 비가 내린다, 할머니 무릎이 시리면 비가 내린다 등, 동물이나 곤충의 움직임을 보고 날씨를 예측하거나 사람의 직관으로 예측했죠. 과학자들은 그런 주관적이고 직관적인 날씨 예측 말고 객관적이고 이론적인 날씨 예측 방법을 찾으려고 했어요. 1904년에 노르웨이 기상학자 V. 비에르크네스가 수치예보의 가능성을 이론적으로 처음 제안했어요. 그걸 이어받아서 영국의 리차드슨이 1922년 수치계산에 의한 일기예보를 시도했죠. 리차드슨은 먼저 하늘을 수천 개의 격자로 나누고 각 격자에 기압, 기온, 바람 등 관

날씨를 예측하는 원형 극장
(리차드슨이 고안한 수치예보 개념도)

측값을 넣었어요. 그리고 각 격자마다 종이와 펜을 가진 사람이 앉아서 일기도를 그리는 상상을 했어요. 그게 유명한 리차드슨의 날씨 예측 시설이에요.

편 리차드슨의 일기 예측은 성공했나요?

이 물론 상상이 실현되지는 않았어요. 하루의 일기도를 작성하는데 필요한 사람만 약 64,000명인데, 그 사람들이 밤낮없이 일해도 24시간 안에 일기도를 그릴 수는 없었거든요. 일기도는 다음날 날씨를 예측하는 그림인데 그걸 그리는데 하루가 넘어가면 의미가 없잖아요. 그래서 그의 이론은 동료들과 사람들의 비웃음만 샀죠. 그런데 놀랍게도 리차드슨이 상상했던 일기예보가 30년 후에 실현되었어요. 에니악(ENIAC)이라는 최초의 컴퓨터가 관측자료를 계산해서 일기예보를 한 거예요. 그다지 믿을 만한 예측은 아니었지만 날씨에 대한 수치예보가

가능하다는 것을 증명해냈죠. 이후 컴퓨터의 발전으로 수치예
보는 더더욱 발전했고요. 더 놀라운 건 리차드슨이 하늘을 격
자로 쪼개는 방식이 지금 모든 나라의 기상청에서 사용하는
수치예보 방식이라는 거예요.

슈퍼컴퓨터만 있으면 예보가 정확해지나요?

편 슈퍼컴퓨터만 있으면 예보를 잘 맞힐 수 있나요?

이 그런 건 아니에요. 일기예보는 정확한 관측자료, 수치예보모델의 예측성능, 그리고 예보관의 역량이 합해져서 생산돼요. 그래서 이 세 가지 요소가 일기예보를 생산하는데 기여하는 정도를 따져보면 관측자료가 32%, 수치예보모델이 40%, 예보관 역량이 28% 정도를 차지한다고 해요. 이 기여도는 평균을 낸 거라 고정된 건 아니고요, 상황에 따라 조금씩 다르기는 해요. 맑은 날이 계속되는 때는 수치예보모델의 예측이 거의 정확해서 예보관이 따로 보완할 내용이 적어요.

그런데 비나 눈이 많이 내리거나 날씨가 갑자기 변하는 시기에는 모델의 정확도가 좀 떨어져요. 그럴 때는 예보관의 역량이 좀 더 중요해지죠. 아직 어느 나라도 정확하게 예측하는 수치예보모델을 개발하지는 못했어요. 그래서 수치예보모델을 보고 분석하는 경험과 지식을 갖춘 예보관의 역량이 더해져야 해요.

100% 완벽은 미래 과학기술로도 불가능

수치예보모델의 성능, 관측자료, 예보관 역량의 조화가 중요합니다

관측자료 품질	32%
수치예보모델	40%
예보관 역량	28%

전세계 관측자료 지상·항공기·선박·위성 등

모델체계 자료동화 역학코어 물리과정

수치예보모델

일기도

가이던스

예보관

출처: 기상청

편 수치예보모델을 해석하는 방법은 뭔가요?

이 먼저 수치예보모델을 보는 방법을 알려드릴게요. 모델을 보면 가로세로 직선으로 구획해 놓은 게 보여요. 지구를 가로세로 10km 격자로 나눈 건데요, 적도의 둘레가 4만km 정도 되니까 적도 부근에 약 4천 개의 격자가 있고, 지구 전체는 100만 개 이상의 격자가 있어요. 이렇게 지구 전체를 격자로 나눠서 일기도를 그려놓아요. 그 안에 날씨에 관한 정보가 들어 있죠. 그중에서 약 600개의 격자 안에 한반도가 있어요. 서울은 가로가 한 40km 정도고 세로가 30km 정도니까 12개 정도의 정사각형 안에 들어오고요. 수치예보모델은 이 사각형에 따라 강수량이 얼마일지 예측하죠. 그런데 이 수치를 그대로 받아서 예보할 수는 없어요. 격자가 매우 커서 정확도가 떨어지거든요. 수치예보모델이 예측하지 못하는 것들이 있고, 또 변화가 감지되는 어떤 시그널이 있어요.

수치예보모델이 예측하지 못한 경우가 있었나요?

편 수치예보모델이 예측하지 못한 경우가 있었나요?

이 2022년 8월 8일 서울 강남 지역에 381.5mm라는 기록적인 비가 내렸어요. 서울의 경우 연평균 강수량이 1,417mm인데, 하루에 무려 4분의 1 가까운 비가 내린 거죠. 보통 연평균 강수량의 8% 이상의 비가 하루 동안 내릴 경우를 집중호우라고 해요. 서울은 113mm 이상이 기준인데, 이건 집중호우 기준의 3배가 넘는 강수량이에요. 그것도 하루가 아니라 몇 시간 만에 내린 강수량이니까 엄청난 비가 내린 거예요. 그날 수치예보모델이 예측한 서울의 강수량은 100mm 안팎이었어요. 결과적으로 예보도 틀리게 되었죠. 이런 문제가 생긴 이유는 수치예보모델이 예측할 수 있는 격자가 넓기 때문이에요. 수치예보모델은 격자로 날씨 예측을 하는데 비가 오는 지역이 격자 간격보다 작을 경우 수치예보모델에서 잘 예측이 안 돼요.

편 수치예보모델이 예측하지 못할 때는 예보가 정확하지 않을 수 있겠네요?

이 예보를 생산할 때 수치예보모델의 예측이 중요하지만 그

것 하나만으로 예보의 내용을 결정하지는 않아요. 수치예보모델의 예측을 바탕으로 하되 모델이 나타내고 있는 시그널을 꼭 살펴봐요. 바람의 세기나 방향, 대기에 포함되어 있는 수증기의 양, 그리고 대기의 불안정한 형태에 따라 수치예보모델이 예측한 강수량보다 많을 수도 있고 적을 수도 있거든요. 이건 예보관의 판단에 따라 달라져요. 그래서 기상 예보를 생산하기 전에 기상청에서는 하루에 한 번 전국의 모든 예보관이 참여하는 토의 시간을 가져요. 여기서 수치예보모델이 제시한 자료들을 종합적으로 판단하고 예보의 방향을 결정하게 되죠.

편 수치예보모델의 예측 결과와 실제 날씨가 다를 경우 예보관의 역할이 더 중요해지겠어요.

이 사람들이 슈퍼 컴퓨터가 훨씬 정확하게 날씨를 예측할 거라 예상하는데, 맑은 날씨가 계속될 때는 슈퍼 컴퓨터의 예측이 매우 정확해요. 그런데 비가 오는 건 잘 못 맞출 때가 많아요. 비가 온다는 것은 날씨의 변수가 많이 작용한다는 말과 같아요. 비구름은 보통 찬 공기와 따뜻한 공기가 충돌하는 지점에서 많이 발생하거든요. 날씨 예보에서 따뜻한 공기가 올라가며 내려오는 찬 공기와 부딪힌다는 얘기를 하잖아요. 원래 찬공기와 따뜻한 공기는 잘 섞이지 않아요. 그런데 두 개의 대기가 부딪히면 상층과 지상의 온도가 급격하게 변하면서 서로 섞이려고 하면서 저기압이 생겨요. 이렇게 서로 부딪히면서 빠르게 이동을 하면 날씨가 급하게 변하게 돼요. 격자 단위로 날씨를 예측하다 보니 강수의 정확한 위치와 양을 예측하기는 어려워요. 그러니까 예보관이 수치예보모델을 검증할 수 밖에 없어요. 특히 여름에 강수량 예측에서 틀리는 부분이 많아요.

수치예보모델의 예측이 틀릴 때
예보관이 검증하는 방법은 무엇인가요?

편 수치예보모델의 비 예측이 틀릴 때 예보관이 검증하는 방법이 궁금해요.

이 예보관은 수치예보모델이 사용한 관측자료를 검토하는 것은 물론이고, 위성에서 관측한 구름에 대한 자료, 지상에서 레이더를 쏘아서 관측한 강수량 예측 자료 등등 모든 관측장비가 수집한 자료를 종합적으로 비교, 검토하죠. 특히 비가 올 때는 레이더 영상 자료를 실시간으로 관측해요. 레이더를 쏘아 빗방울에 부딪혀서 돌아오는 정도를 보는 건데요, 비가 많이 오면 새카맣게 색칠이 돼요. 그리고 우리나라 것만 보는 게 아니고 동시에 중국과 일본, 대만의 자료도 함께 봐야 해요. 또 중요한 건 마냥 느긋하게 자료들을 보고 있어서는 안 된다는 거예요. 비가 많이 올 때는 특보가 나가게 되는데 빠른 시간에 빨리 분석해서 예보와 특보를 내보내야 하거든요.

편 왜 이렇게 주변 나라들의 관측자료까지 봐야 하나요?

이 한반도는 면적이 작은 데 비해 날씨의 변화가 심한 곳이에요. 북극을 중심으로 시베리아 찬바람이 영향을 미치는 영역의 가장자리에 속해서 남쪽에서 올라오는 뜨거운 바람과 항상 부딪히는 곳이에요. 또 태평양에서 발달한 태풍이 항상 지나가는 길목이고요. 기상학적으로 보면 변수가 너무 많아 날씨가 안정적이지 않은 곳이죠. 그래서 항상 동아시아 모든 국가의 관측자료와 멀리는 태평양에 있는 괌의 관측자료까지 늘 보고 있어야 해요. 하지만 늘 보고 있어도 순식간에 일어나는 기상변화는 따라가기 어려워요. 앞서 소개한 2022년 8월 8일에 강남에 내렸던 비는 예측할 수가 없었어요. 강남 일대를 지나간 구름은 인천에서 생겼는데 그 구름이 10분 만에 강남으로 휙 넘어갔어요. 우리가 레이더를 통해 2분마다 구름의 상태를 관측해서 색깔로 표시해요. 옅은 색은 강수의 양이 적은 거고 보라색이 되면 강수의 양이 많은 거예요. 그런데 진짜 처음엔 옅은 색의 구름이 10분 만에 짙은 보라색으로 변하면서 빠르게 이동하는데 그걸 따라잡을 수가 없었어요.

나라마다 수치예보모델의 예측이 왜 다른가요?

편 나라마다 수치예보모델의 예측이 왜 다른가요?

이 태풍이 발생했을 때 각 나라마다 예상 경로를 예측하는 모델이 다르다는 보도를 보신 적이 있을 거예요. 사실 전 세계에 전달되는 관측자료는 똑같아요. 그런데 각 나라가 사용하는 모델마다 특성이 있어서 조금씩 다른 예측 결과를 내놓는 거예요. 우리나라는 2010년에 영국기상청의 수치예보통합모델 UM; Unified Model을 도입했어요. 영국 모델은 영국의 지형을 토대로 만들어졌으니까 우리나라의 지형의 특성을 담지 못해요.

우리나라는 산도 가파르고 대기의 흐름도 영국과 다르니까요. 그 모델로는 우리나라의 기상변화를 다 예측할 수 없어서 한국형수치예보모델KIM을 자체 개발해서 사용하고 있어요. 그런데 최근에 기후변화로 국지적 집중호우와 태풍의 이상 진로 등을 예측하지 못하는 단점이 있었죠. 이런 단점을 보완해서 새로운 모델RDAPS-KIM을 개발했어요. 이 모델은 한반도 기상에 영향을 미치는 중국과 북서태평양을 포함한 동아시아 지역으로 영역을 한정한 대신 해상도를 높였죠. 이렇게 각 나라들도 자기 나라의 지형과 기후에 맞는 모델을 개발해서 사용하기 때문에 태풍의 경로 예측이 다르게 나올 수 있는 거죠.

편 이렇게 예측 결과가 다를 때는 어떻게 판단하나요?

이 각 나라가 예측한 결과가 다를 때는 왜 다른지 먼저 분석
해요. 어떤 모델에는 어떤 변수가 작용했는지 비교해 보는 거
죠. 그리고 수치예보모델의 예측 결과는 태풍이 발생했을 때
부터 발달하는 과정과 이동 경로를 관측하는 과정에서 계속
수정이 돼요. 처음에는 약간 틀린 것 같았던 모델이 시간이 지
나면서 정확하게 근접할 때도 있고 그 반대의 경우도 있어요.
그러다가 여러 모델의 예측 결과가 비슷하게 나올 때도 있고
요. 그래서 사실 어떤 모델이 더 좋다 나쁘다고 단정지을 수는
없어요. 그리고 예보관들 사이에서도 다른 분석이 많이 나와
요. 서로의 경험이 다르고 중점을 두고 살피는 변수가 조금씩
다르니까요. 그럴 때는 현재 볼 수 있는 모든 자료와 과거 비슷
한 태풍의 사례들을 찾아 비교하고 검토하는 일도 해요. 그렇
게 자료를 바탕으로 의견을 조율해서 하나의 예보를 생산하게
돼요.

일기도도 슈퍼컴퓨터가 만드나요?

편 예전에는 일기도를 모두 예보관들이 직접 손으로 그렸다고 들었어요. 요즘엔 슈퍼컴퓨터가 그리나요?

이 네. 요즘에는 슈퍼컴퓨터가 만들어요. 슈퍼컴퓨터가 지구랑 비슷한 상태로 분석장을 만들고 그걸 토대로 일기도를 그려요. 일기도 안에는 상층의 제트 기류, 하층의 저기압, 바람의 방향, 속도, 수증기 유입 정도 등등이 표시되어 있어요. 그렇다고 슈퍼컴퓨터가 만든 일기도를 그대로 쓰는 건 아니에요. 분석자가 판단해서 지울 건 지우고 새로 넣을 건 넣는 수정 작업을 거치죠.

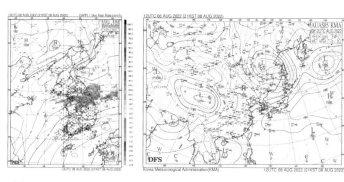

일기도(출처: 기상청)

기상예보관이
되려면

기상예보관이 되려면 어떤 자세가 필요할까요?

편 기상예보관이 되고 싶은 청소년이라면 어떤 자세를 가지고 있어야 할까요?

이 호기심이 가장 중요한 것 같아요. 이게 뭐지? 궁금한 마음, 그리고 알아내고 싶은 마음이 호기심에서 나오는 것 같아요. 과학이 많이 발전을 했다고 하는데 실제 현장에서 일을 하면 우리가 모르는 것들이 너무 많거든요. 모르는 걸 알고 싶은 호기심이 있어야 분석도 하고 공부도 하고 그러는 것 같아요. 그리고 나중에 같은 상황이 생겼을 때 내가 이거 연구해봤는데 이런 거 같더라, 기존에는 이렇게 생각했지만 이번엔 이렇게 생각해보면 어떨까, 이렇게 다른 시각을 제공할 수 있는 거죠. 호기심이 있는 사람들이 확실히 실력이 빨리 늘어요. 호기심은 또 의심이기도 해요. 어떤 일이 생겼을 때 아무 생각 없이 그냥 넘어가는 사람, 그냥 기존에 했던 대로 대충 설명하는 사람이 있어요. 의심하지 않는 거죠. 그럼 현장을 분석하는 실력이 늘지 않고 정체돼요. 그래서 때로는 자신의 생각도 의심할 필요가 있어요.

편 호기심이 유연한 사고와도 관련이 있는 거네요?

이 네. 상황이 변했는데 내 머릿속에 있는 생각을 고집하는 건 별로 좋지 않아요. 그러면 다음에 같은 상황이 왔을 때 또 똑같은 실수를 반복하는 거죠.

청소년기에는 어떤 준비를 하는 게 좋을까요?

편 청소년이 특히 잘해야 하는 과목이 있나요?

이 수학과 과학 과목이 중요하죠. 그중에서도 물리와 지구과학은 열심히 공부해야 하고요. 그리고 영어를 열심히 공부하면 좋겠어요. 제가 일하면서 대기과학에 관련된 논문들을 많이 보는데요, 영어로 된 자료가 훨씬 많아요. 기상청에서 일할 때는 영어로 대화하는 기회는 거의 없지만 영어 자료를 많이 보거든요. 기상청에 들어오면 유학의 기회도 있어요. 지원자를 뽑아 기상청에서 유학을 보내주는데요. 뽑히고 나서는 외국의 대학에 합격해야 갈 수 있어요. 그래서 영어 실력이 중요하죠.

편 청소년들이 이 직업에 대한 경험을 쌓을 기회가 있을까요?

이 기상에 관심이 많은 청소년이라면 기상청에서 하는 행사에 참여해 보는 게 좋겠어요. 기상청은 평소에 날짜와 시간을 정해 학생들의 견학을 받고 있어요. 누구나 신청하면 체험학습을 할 수 있죠. 또 해마다 청소년을 대상으로 슈퍼컴퓨터 체험캠프를 열어요. 슈퍼컴퓨터 활용 실습도 하고 기상·기후 수치예보모델 생산 과정을 체험하고요. 우리나라 기상예측시스템은 꽤 발달해 있어서 직접 눈으로 보고 배우면 무엇을 어떻게 공부할지 생각할 기회가 될 거예요. 그리고 지방 기상청에서는 청소년을 대상으로 동아리를 모집하거나 홍보단을 모집해서 활동하기도 해요. 지방에 있는 학생들이 기상청에서 하는 일을 경험하는 좋은 기회 같아요. 또 기후 관련한 공모전도 있어요. 영상을 만들기도 하고 아이디어를 내기도 하죠. 상을 타지 않더라도 이런 공모전을 통해 배우는 게 많으니까 참여해 보면 좋을 것 같아요. 또한 서울에 국립기상박물관을 비롯하여 대구, 전주, 충주, 밀양에도 기상과학관이 있어요. 각종 체험을 할 수 있으니 방문해 보면 좋을 것 같아요.

출처: 기상청

지리에 대한 지식이 도움이 될까요?

편 지리에 대한 지식이 도움이 될까요?

이 저는 어렸을 때 지도 보는 걸 좋아했어요. 아버지 차 뒤에 지도책이 하나 꽂혀 있었는데 여행갈 때 항상 지도책 보면서 도로를 찾았어요. 지금 생각하니까 그게 일하는 데 도움이 돼요. 기상예보관은 도로의 위치를 알고 있어야 해요. 도로와 관련된 날씨 요소는 안개예요. 고속도로를 가다 보면 '안개지역' 또는 '안개 많은 곳'이라고 쓰인 도로표지판을 볼 수 있는데요. 그냥 무심히 보지 말고 '이 지역은 왜 안개가 많지?'라고 질문을 하면서, 지형도 살펴보고 어느 계절, 어느 시간에 안개가 많이 끼는지 찾아보는 게 좋겠어요.

여행을 다니면서 그 지역의 지리적 특성은 어떤지, 사람은 얼마나 살고 있는지, 기후는 어떤지 알아보는 것도 좋아요. 요즘엔 휴대폰으로 검색만 하면 얼마든지 정보를 알 수 있거든요. 이런 경험이 쌓이면 기상예보관이 되었을 때 도움이 될 거예요.

유리한 전공이 있나요?

편 어떤 전공이 유리한가요?

이 기상직 9급 공무원부터 시작하고 싶다면 대학에 가지 않아도 시험에 응시할 수 있어요. 그런데 기상에 관한 지식 없이 일을 하면 좀 어렵더라고요. 그래서 대학에 진학해서 기상학과 대기과학을 전공하는 게 가장 유리하죠. 관련 학과로는 지구환경과학이 있어요.

　　5급 시험을 보려면 전공을 하지 않으면 합격하기 어려워요. 5급은 전공한 학사의 지식보다 조금 더 깊은 지식이 필요해요. 대학원에서 석사 공부를 한 사람이 더 유리하죠. 그런데 9급이나 7급 시험은 관련학과가 아니라도 시험과목을 공부하면 충분히 들어올 수 있어요. 그래도 전공 지식이 있으면 더 좋아요.

기상예보관이 되는 방법은 무엇인가요?

편 기상예보관이 되는 방법은 무엇인가요?

이 기상예보관이 되려면 공무원 시험을 거쳐 기상청에 들어오는 거예요. 9급, 7급, 5급 시험이 있죠. 9급 공무원의 경우 해마다 뽑는 인원이 달라요. 2021년에는 10여 명을 뽑았는데, 2022년에는 75명을 뽑았죠. 기상청에서는 일반인을 뽑는 인원이 따로 있고, 장애를 가진 사람과 저소득층 인원을 구분해서 뽑아요. 특이한 점은 제주도 같이 지방에서 일할 사람을 따로 뽑는다는 거예요. 거주가 가능한 사람이 유리하겠죠.

평균 경쟁률은 2021년엔 9.2 대 1이었고, 2022년엔 8.6 대 1일이었어요. 필기시험은 국어, 영어, 한국사, 기상학개론, 일기분석 및 예보법 등 5개 과목이고, 4지 선택형으로 과목마다 각 20문항이에요. 성적순으로 뽑는데, 필기시험에서 한 과목이라도 40점 미만이 있으면 불합격이에요. 필기시험에 합격하면 면접시험을 봐서 최종 합격을 가리고요. 2023년 채용 공고에 따르면 9급이 30명이에요.

편 7급 공무원 시험은 어떤가요?

이 7급 공무원도 9급과 마찬가지로 뽑는 인원은 해마다 조금씩 차이가 있어요. 2022년에 5명을 뽑았는데 5년 만이었어요. 5년 동안 안 뽑았다가 뽑은 거죠. 2023년엔 4명을 뽑는다고 하니 적은 인원은 아니에요. 필기시험은 1차와 2차 시험이 있어요. 1차 시험 과목은 언어논리영역, 자료해석영역, 상황판단영역, 영어, 한국사 등 5개로, 이중 한국사와 영어는 공인능력검정시험으로 대체하고 있어요. 2차 시험 과목은 물리학개론, 기상역학, 일기분석 및 예보법, 물리기상학이에요. 마지막으로 면접시험을 치러서 최종 합격자가 결정돼요.

편 기상직 5급 공무원 시험은 어떤가요?

이 5급 선발인원은 보통 2명으로 매우 적은 편이에요. 이렇게 적게 뽑아도 기상 행정에 관심있는 사람이 많아서 지원자가 꽤 있어요. 1차 시험 과목은 언어논리영역, 자료해석영역, 상황판단영역, 헌법, 영어, 한국사로 영어와 한국사는 공인능력검정시험으로 대체하고 있어요. 2차 시험은 논문형 필기 시험으로 4과목을 봐요. 기상역학, 일기분석 및 예보법, 물리기상학, 이렇게 세 과목은 필수이고요. 기상측기 및 관측, 미기상학, 기상통계학, 기후학, 전자공학, 수치예보 중 한 과목을 선택

해서 시험을 봐요. 1차, 2차에 합격하면 면접시험에서 최종 합
격자가 가려지죠.

2022년도 기상직 7급·9급 국가공무원 공개경쟁채용시험 계획 공고

2022년도 기상직 7급·9급 국가공무원 공개경쟁채용시험 계획을 다음과 같이 공고
합니다.

2022년 1월 14일

기 상 청 장

1. 선발예정인원 및 시험과목

직급	지역구분	선발예정인원 (총 80명)	시험과목 (선택형 필기시험)	
			제1차 시험	제2차 시험
기상직 7급 (기상주사보)	전국모집	일 반: 5명	언어논리영역, 자료해석영역, 상황판단영역, 영어(영어능력검정시험 으로 대체), 한국사(한국사능력검정 시험으로 대체)	물리학개론, 기상역학, 일기분석 및 예보법, 물리기상학
기상직 9급 (기상서기보)	전국모집	일 반: 67명 장 애 인: 5명 저소득층: 2명	국어, 영어, 한국사, 기상학개론, 일기분석 및 예보법	
	지역구분	제 주: 1명		
	계	75명		

구분	직렬 (직류)	선발예정인원 (총 305명)	시험 과목		주요 근무 예정부처 (예시)
			제1차시험 (선택형 필기)	제2차시험 (논문형 필기)	
5급 (기술)	임업직 (산림자원)	2명	-	필수(3) 조림학, 임업경영학, 산림경제학 선택(1) 산림공학, 수목학, 목재가공학, 조경학, 산림보호학, 임업경제학	산림청
	해양수산직 (일반수산)	전국 : 2명 지역구분 : 1명 ·지역별 구분모집표 참조	-	필수(3) 수산생물학, 수산해양학, 수산경영학 선택(1) 수산사회학, 수산양식학, 수산 가공학, 어구어법학, 수산업법	해양수산부
	환경직 (일반환경)	전국 : 5명 지역구분 : 1명 ·지역별 구분모집표 참조	-	필수(3) 환경화학, 환경생태학, 상하수도공학 선택(1) 소음진동학, 폐기물처리, 환경 미생물학, 환경영향평가론, 대기 오염관리, 수질오염관리	환경부 그 밖의 주요부서
	기상직 (기상)	2명	-	필수(3) 기상역학, 일기분석 및 예보법, 물리기상학 선택(1) 기상측기 및 관측, 미기상학, 기상통계학, 기후학, 전자공학, 수치예보	기상청
	시설직 (일반토목)	전국 : 12명 지역구분 : 2명 ·지역별 구분모집표 참조	-	필수(3) 응용역학, 측량학, 토질역학 선택(1) 재료역학, 구조역학, 철근콘크 리트공학, 수리수문학, 도시계획, 유체역학, 도로공학	국토교통부
	시설직 (건축)	전국 : 4명 지역구분 : 1명 ·지역별 구분모집표 참조	-	필수(3) 건축계획학, 건축구조학, 구조역학 선택(1) 건축시공학, 도시계획, 건축재료, 철근콘크리트공학	해양수산부 그 밖의 주요부서
	시설직 (시설조경)	1명	-	필수(3) 조경계획 및 설계, 조경사 및 이론, 조경생태학 선택(1) 공원학개론, 경관계획 및 관리, 단지계획학, 조경제도 및 시공, 조경식물학, 생태복원공학	
	방재안전직 (방재안전)	1명	-	필수(3) 재난관리론, 안전관리론, 도시계획 선택(1) 수리수문학, 재료역학, 건축구조학, 전기기기학, 최응용역학, 행정법	행정안전부 그 밖의 주요부서

기상직 공무원이 되면 기상예보관이 되는 건가요?

편 9급, 7급, 5급 공무원 시험에 합격하면 어떤 부서에서 일하게 되나요?

이 9급과 7급 기상직 공무원이 되면 발령부서나 발령지에 따라 담당 업무가 정해져요. 관측과 예보 업무를 볼 수도 있고, 지진과 화산, 기후변화, 기상 및 기후산업 등의 업무를 할 수도 있고요. 보통 9급과 7급은 여러 부서를 돌아다니면서 전문적인 지식과 업무 역량을 쌓게 돼요. 그래서 예보관이었다가 다른 부서로 가기도 하고 다른 부서에서 예보국으로 와서 예보관이 되기도 하죠. 반면에 5급은 중간관리자로서 주로 각종 정책 기획 수립과 대외협력, 기상예보와 특보를 담당해요. 저 같은 경우는 총괄예보관으로 특정되어 있지만요.

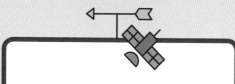

기상예보관의
하루

예보국은 24시간 근무체제로 돌아가요. 12일 주기로 4개의 조가 2교대로 근무하는데요. 2개의 조가 주간과 야간으로 나눠서 주간 3일, 야간 3일 일하며 중간중간 쉬어요. 주간 근무조는 8시에서 일을 시작해서 19시까지 11시간 근무하고, 야간 근무조는 19시에 교대해서 다음 날 8시까지 13시간 근무하죠. 주간 근무와 야간 근무의 차이가 거의 없어요. 정해진 시간에 해야 할 일이 있기 때문이에요. 주간 근무보다 오히려 야간 근무 때 할 일이 좀 더 많은 정도죠. 여기서는 예보관들이 어떻게 일하는지 야간 근무 시간을 중심으로 이야기할게요.

 교대 회의

주간 근무자들과 야간 근무자들이 모여 교대 회의를 하는 시간이에요. 주간에 있었던 일에 대해 간략하게 듣고 야간에 중점적으로 살펴야 할 것들을 확인해요. 교대 회의는 근무 시작 20분 전이지만 거의 모든 예보관이 한 시간 전에 출근해요. 낮에 나온 관측 자료를 미리 살피면서 오늘은 어떤 상황이고 뭘 중점적으로 고민해야 하는지 판단하죠.

19:00 업무 시작

근무시간이 시작되면 저는 바로 보도할 날씨 해설을 쓰기 시작해요. 초안을 작성하는 건데요. 관측 자료와 수치예보모델을 보면서 분석이 필요한 것은 빨간 줄로 긋거나 따로 메모를 해놓아요. 이 과정에서 중요하지 않은 자료는 거르고 비가 올지 안 올지 모르겠거나, 위험하게 안 봤는데 위험할 수 있겠다고 판단되는 자료를 정리하죠.

20:00 날씨 해설 작성

이때부터 1시간 정도 날씨를 분석하면서 해설을 마무리해요. 분석하는 시간은 짧으면 한 시간, 길면 두 시간 정도 걸려요. 날씨가 복잡하거나 뭔가 벌어지고 있는 날은 시간이 많이 걸리죠. 사실 맑은 날 빼고는 거의 복잡한 날이기는 해요. 아무리 복잡한 날씨라도 21시까지 내일 새벽에 발표할 예보문이 나와야 해요. 이 사이에 실황감시를 하는데요. 만약에 19시부터 비가 온다고 예보가 되었다거나, 21시부터 비가 왕창 온다고 예보되었던 날이라면 실황감시를 통해 새벽에 비가 더 올지, 아니면 그칠지 변화를 예측하는 거죠. 비나 눈이 예상했던 것보다 많이 내릴 때는 호우나 대설 특보를 내야 해요. 특보가 나갈 때는 빨리 전달하는 게 중요해요. 특보는 30분 단위를 지키려고 하지만 급할 때는 10분 단위로 내보내기도 해요. TV를 보다가 화면 맨 아래 빨간 칸이 생기면서 긴급기상방송이라는 자막이 나가는 걸 보셨을 거예요. 지금 어디에 무슨 주의보나 경보가 내려졌고, 강수량은 얼마쯤 예상이 되고, 풍속은 얼마쯤이다, 이런 내용이죠. 자막 마지막에 '기상청에서 알려드렸습니다'라고 나오는 거예요. 특보는 이렇게 예보국에서 방송국에 실시간으로 내보내고, 정부기관과 언론사에는 팩스로 쭉쭉 나가죠. 특보는 시간에 상관없이 언제든 기상상황이 악화되면 내보낼 수 있어요.

전 세계 동시 기상 관측

21시는 예보국에서 매우 중요한 시간이에요. 아침 9시도 마찬가지인데요, 이 시간에 전 세계에서 레윈존데가 올라가기 때문이에요. 그때부터는 각종 장비에서 올라오는 자료를 실황감시하는 시간이에요. 레윈존데에서 관측된 전 세계 상층 관측 자료는 1~2시간 안에 우리나라에서 받아볼 수 있어요. 그리고 이 자료 말고도 위성 관측 자료와 레이더 영상 자료도 실시간으로 들어오죠. 23시가 되면 거의 모든 관측 자료가 들어오게 돼요. 그러면 바로 슈퍼컴퓨터가 계산을 시작해서 24시, 즉 0시가 되면 수치예보모델의 결과가 나오기 시작해요. 예보관은 수치예보모델이 나오기 전까지 각종 관측 자료를 보며 분석하고요.

수치예보모델 결과 분석

수치예보모델 결과가 나오기 시작했어요. 이 과정은 12시간 간격으로 똑같으니까 낮 12시에도 모델이 나와요. 그래서 우리는 내부적으로 00 모델, 12 모델이라고 불러요. 그러면 12

모델과 OO 모델이 어떤 차이가 있는지 먼저 살펴봐요. 이전 모델을 기반으로 17시에 예보가 나갔으니까, 다음 05시 예보를 하기 위해서는 그 사이에 예측이 변한 게 있는지 살펴봐야 해요. 만약 변화가 크게 일어나서 예보 내용을 바꿔야 한다면 모델의 예측이 맞는지 틀린지 검증하는 과정을 거쳐야 해요. 수치예보모델이 틀린 경우도 많기 때문에 예보관의 분석이 반드시 필요한 부분이에요. 02시까지 수치예보모델의 결과와 관측 자료를 비교해서 분석하는 시간을 가지죠.

 전국 예보 토의

야간에는 하지 않지만 14시가 되면 전국 예보토의가 시작돼요. 1시간 정도 회의를 하는데요. 전국 토의는 서울에 있는 기상청의 국장님과 지방청 8곳의 예보과장님들, 전국의 모든 예보관이 참여해요. 전국의 지방 기상청과 온라인으로 회의를 하죠. 이때는 발표를 맡은 담당자가 5분 정도 발표하는 시간을 가져요. 수치예보모델의 결과와 자료 분석 내용으로 봤을 때 내일의 일기예보는 이런 기조로 나가야 한다는 내용이죠. 그리고 참석자들이 의견을 내요. 의견이 일치될 때도 있지만 갈릴 때도 있어요. 보통 비가 내릴 것이 예상될 때 강수량이 얼마가 될 것이라는 예측에 대한 의견이 다를 때가 많아요. 토의는 시간이 딱 정해져 있어서 길게 논의할 수가 없어요. 아무리 의견이 달라도 15시까지 중앙의 예보 방향을 정해야 해요.

호우 대응 상황 점검
(출처: 기상청)

전국 예보 토의
(출처: 기상청)

지방 기상청 토의

지방 토의는 지방청에 소속된 예보관들이 예보 기조를 결정해요. 총괄예보관이 정한 큰 틀을 따라가면서 지방마다 다른 날씨가 예상될 때는 지방의 상황에 맞게 예보 기조를 변경하기도 해요. 지방 토의는 30분 정도로 짧게 해요.

공간편집 및 날씨 해설 작성

이렇게 전국의 날씨 예보 방향이 결정되면 이제 3시 30분부터 공간편집을 시작하죠. 공간편집은 수치예보모델의 결과를 수정 보완하는 방법이에요. 예를 들어 모델이 경기 북부 전체에 비가 오는 걸로 예상했는데 전국 회의에서 경기 북부에서도 연천만 비가 올 거라는 결론을 내렸어요. 그러면 연천 지역에만 비를 그리죠. 다른 지역도 마찬가지로 비가 올 지역을 특정해서 그림을 그려요. 04시에는 전국의 일기도 공간편집이 끝나요. 그러면 지방청에 다시 보내서 검토해요. 검토해서 수정할 사항이 있으면 수정해서 05시 전에 일기도의 공간편집이 끝나죠. 공간편집을 하면서 다른 한쪽에서는 날씨 해설을 써요.

05:00 일기예보 게시 및 보도자료 송신

공간편집한 일기도와 날씨 해설을 기상청 홈페이지에 올리고 방송사와 언론사에 보내요. 오전 05시와 오후 17시에 단기예보가 끝나야 해요. 단기예보를 하는 시간이 정해져 있기 때문에 매우 촉박해요. 그래서 단기예보를 최우선으로 하고 있죠. 그리고 이제부터 중기예보를 살펴보는 시간이에요. 이렇게 교대시간까지 남은 일을 처리하면 하루의 일과가 끝나요. 이 과정이 주간 근무 시간에도 그대로 적용돼요.

일기도를 그리며 공간편집하는 예보관

기상예보관이
되면

연봉은 어느 정도인가요?

편 연봉은 어느 정도이고, 복지는 어떤가요?

이 다른 공무원과 마찬가지의 연봉을 받아서 다른 특별한 건 없어요. 복지도 마찬가지고요. 9급 공무원이 되면 처음엔 월 170만 원 정도를 받고, 연차가 쌓이고 직급이 올라갈수록 호봉이 올라가면서 연봉도 올라가죠. 같은 직급이라고 해도 호봉에 따라 위 직급보다 연봉이 높은 경우도 있고요. 또 다른 공무원과 마찬가지로 여러 수당이 있고, 동호회 활동 지원과 같은 복지제도도 있어요.

직급과 체계는 어떻게 되나요?

편   직급과 체계는 어떻게 되나요?

이   기상청에는 13개의 기관이 있어요. 예보국은 그중 하나의 기관이고, 예보국에서 일하는 사람을 보통 예보관이라고 불러요. 기상청 공무원이 되면 처음엔 배정받은 부서에서 일하다가 자신이 원하는 부서로 이동이 가능해요. 예보관도 마찬가지고요. 기상청에서 하는 일 중에 가장 중심이 되는 일은 예보와 특보를 잘하는 거예요. 다른 부서들이 예보를 잘할 수 있도록 예보국을 뒷받침해주고 있는 거죠. 그래서 기상청에서는 예보국을 '현업'이라고 불러요.

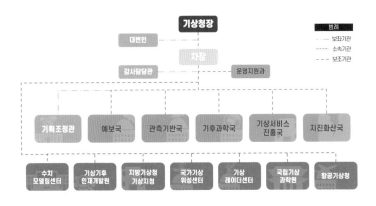

기상청 공무원이 되었으면 현업 근무를 해 봐야 기상청에서 일할 때 도움이 된다고들 얘기해요. 예보관이 기상청 업무의 중심이기 때문에 기상청에서 하는 일의 기본을 익히는 일이기도 하고, 다른 부서가 어떻게 일해야 예보하는 데 도움이 될지 알기 때문인 것 같아요.

기상예보관으로 기억에 남는 순간은 언제인가요?

(편) 기상예보관으로 기억에 남는 순간은 언제인가요?

(이) 예보 전문관이 되고 나서 전국 예보 토의할 때 발표했던 순간이 기억에 남아요. 처음에는 무슨 이야기를 해야 할지 전혀 모르니까 긴장을 정말 많이 했어요. 200명이 저를 쳐다보고 있는데 제가 말문이 막혀서 침묵하게 되면 그것도 곤란할 것 같고, 계속 줄줄이 얘기해야 될 것 같은 기분에 사로잡혀서 한 세 달은 거의 정신없이 발표를 준비했던 것 같아요. 하지만 아무리 미리 준비했다고 해도 이야기하다가 막히면 머릿속이 하얘지면서 아무 생각이 나지 않더라고요. 그리고 하루는 진짜 발표를 너무 못했어요. 토의에 참석한 한 분한테 비판도 심하게 받았죠. 토의가 끝나고 국장님한테 메시지가 왔어요. 사람들한테 비판받은 거 너무 신경 쓰지 말라고, 오늘은 뭐 좀 못했지만 앞으로 더 잘할 거라고. 그 메시지 보고 화장실에 가서 울었어요. 너무 못해서 창피하기도 하고, 국장님이 격려해주시니까 고맙기도 하고, 하여튼 여러 가지 감정이 왔다 갔다 하니까 눈물이 나더라고요.

편 왜 그렇게 긴장을 하셨어요?

이 아마도 200명이 제 이야기를 듣고 있다는 압박감이 좀 컸던 것 같아요. 일도 아직 능숙하지 않은데 발표는 매일 해야 하니까 부담감이 생겼어요. 처음에는 너무 긴장됐는데 시간이 지나니까 내 눈에 안 보이는 사람들 때문에 너무 긴장하지 말자는 생각이 들더라고요. 그분들이 모두 듣고 있기는 하지만 저한테는 안 보이거든요. 2, 3천 명의 보이지 않는 구독자들을 향해 혼자서 떠들며 인터넷 방송하는 사람들도 있는데 나도 할 수 있다는 생각도 하고요. 그렇게 3개월을 버텼더니 발표자료를 미리 만들 시간도 나고 발표하는 요령도 생겼어요. 저는 사람들 앞에서 발표하는 걸 진짜 싫어했어요. 대학 다닐 때도 최대한 발표를 적게 하려고 애를 썼죠. 그런데 여기서 벌써 천 번 이상 발표를 하고 있네요.

편 모든 예보관이 처음에는 발표하는 과정을 거치나요?

이 네. 예보관이라면 반드시 겪어야 하는 과정이에요. 막 들어온 후배들이 덜덜덜 떨면서 발표하는 모습을 보면 안쓰럽죠. 그런데 이게 일인데 어쩌겠어요. 제가 국장님을 비롯해 여러 선배들에게 응원을 받았듯이 저도 후배들을 응원하고 있어요.

이 일의 장점은 무엇이라고 생각하세요?

편 이 일의 장점은 무엇이라고 생각하세요?

이 이 일의 장점은 근무 시간이 끝나면 뒷일은 전혀 생각하지 않아도 된다는 거예요. 모든 일이 근무 시간 안에 끝나게 되어 있어요. 연속해서 해야 하는 일이 없으니까 퇴근하고 일 생각은 하지 않아요. 시간 내에 맡겨진 일을 잘 처리하는 것으로 끝나니까요. 관심이 있으니까 쉬는 날도 집에서 CCTV를 통해 전국의 날씨를 살피기는 해요. 근데 그건 좋아서 관찰하는 거지 일하는 건 아니라서 부담이 없어요. 그리고 마지막 야간 근무가 끝나는 날부터 4일을 쉬어요. 이때 저만의 힐링 시간도 갖고 여행도 가요. 쉬는 날이 주중일 때는 유명한 관광지나 맛집에 가면 사람도 별로 없고 줄 안 서도 돼요.

편 이 직업의 매력은 뭘까요?

이 제가 세상에 영향을 끼치고 있다는 느낌이 어떻게 보면 되게 매력적인 것 같아요. 매일 제가 05시나 17시에 예보문을 쓰면 그날 저녁 방송에서 바로 나가요. 그걸 들으면 제가 5천만 국민에게 뭔가 얘기를 하고 있다는 느낌이 들어요. 몇 시간 전에 과장님이랑 고민하고 토론했던 내용이 예보문이라는 결과물로 나와 사람들에게 바로 전달되잖아요. 그걸 들으면 처음엔 많이 신기했어요. 그리고 우리가 생산해 낸 일기예보는 사람들의 생활에 직접 영향을 끼치는 일이에요. 사람들이 정치나 사회 뉴스는 안 봐도 매일 날씨 정보는 찾아보잖아요. 현대인들에게 기상예보는 필수죠. 제가 내일 춥다고 예보했더니 다음날 아침에 지하철에서 사람들이 두꺼운 옷을 입고 있는 걸 보면 괜히 뿌듯해져요. 또 예보가 잘 맞아서 사람들이 피해를 보지 않았을 때는 굉장히 신기하기도 하고 큰 보람을 느끼죠.

일하면서 공부가 더 필요한가요?

編 평소에 기상과 관련한 공부도 하나요?

이 저는 모르는 게 생기면 외국 논문들도 많이 찾아봐요. 그래서 동료들에게 소개해주기도 하죠. 다른 사람들도 마찬가지예요. 자기가 공부한 내용, 외국의 사례들, 새로 알게 된 지식을 동료들과 공유하는 게 자연스러운 분위기예요. 그리고 기상청은 내부적으로 예보기술발표회를 해요. 발표회에는 부서마다 의무적으로 한 팀이 나가야 해요. 한 부서에서 두세 팀이 출전하는 것도 가능한데 보통은 한 팀만 구성해서 나가죠. 지방 기상청도 마찬가지로 출전해야 하고요. 대회에서 우승하면 상금도 받아요. 기상청에서 이런 대회를 치르는 이유는 직원들이 계속 공부하라고 격려하고 뒷받침하기 위해서예요. 그래서 새로운 주제를 연구해서 발표하면 주목도 많이 받고 그래요. 발표회뿐 아니라 전체 토의할 때도 새로운 걸 발표하면 몇백 명 앞에서 칭찬도 많이 받아요. 기분이 좋죠.

編 기상현상을 보기 위해 실제 현장에 나가보기도 하나요?

이 저는 위험 기상이 발생했을 때 그 장소에 한 번씩 가보기도 해요. 태풍이 올라왔을 때 어떻게 되는지, 눈이 1m가 오면 사람들이 어떻게 생활하는지 말로만 들으면 실제로 어떤 일이 벌어지는지 알 수가 없잖아요. 요새는 그렇게 눈이 많이 온 적이 없는데 2014년 겨울에 동해안에 일주일 정도 눈이 와서 1m가 쌓였어요. 너무 궁금해서 청량리에서 태백산맥을 넘어 강릉으로 가는 밤 기차를 탔어요. 해안은 어떤지 보고 싶어서 바닷가로 걸어가는데 눈이 신호등 높이만큼 쌓여 있더라고요. 길가에 있는 눈을 치워 놓았는데 그 눈의 높이가 보행자 신호등까지 올라간 거죠. 도로에 주차된 차는 눈으로 덮여서 아예 보이지도 않았고요. 공중전화 박스는 버섯처럼 위에 눈이 반원형으로 쌓여있어요. 그리고 처음엔 도로가 2차선인 줄 알았어요. 딱 차선 두 개만 눈이 치워져 있고 그 옆으로는 눈이 쌓여있는데, 제설작업을 해도 눈이 너무 많이 오니까 겨우 차가 통행할 수 있도록 두 개의 차선만 눈을 치울 수 있었던 거죠.

정말 거대한 눈 담벼락이 도로 옆으로 있는 것처럼 보였어요. 해변으로 가는 길은 사람들이 다니지 않아서 보이지도 않게 눈에 파묻혀 있었어요. 발이 푹푹 빠지고 군데군데 나무가 부러져 있었죠. 눈이 1m가 내리면 그 무게가 엄청 많이 나가요. 나무가 눈 무게를 이기지 못하고 부러지죠. 오전 내내 강릉 해변가를 돌아다니다가 오후에 강릉역으로 가려고 보니까 도로에 차가 꽉 차서 움직이질 않는 거예요. 제가 있는 곳에서 역까지 4km 정도 거리였는데 차로 가면 더 걸릴 것 같아서 걸었죠. 걷다 보니 사람들이 나와서 눈으로 조각상을 만들고 있기도 하고, 주변에 있는 집들은 버섯처럼 눈을 머리에 이고 있더라고요.

2014년 겨울 1m 눈이 내린 강릉

이 일의 어려움은 무엇일까요?

편 이 일이 어렵다거나 힘들다고 느낄 때가 있나요?

이 물론 예보가 맞지 않았을 때예요. 시민들의 항의하는 목소리가 막 귀에 들리는 것 같아요. 때로는 날씨로 인해 위험한 상황이 생겨 힘들기도 해요. 폭우를 예보하고 어느 곳에는 산사태가 날 것 같았는데 실제로 산사태가 났어요. 그런데 미처 피하지 못한 사람들이 피해를 입었더라고요. 예보는 정확했으니까 제가 잘못한 건 아닌데 이런 날씨나 상황을 맞춘다는 게 좋아할 일도 아닌 거죠. 피해를 당한 분들을 생각하면 제가 괜히 마음이 무겁고 좋지 않아요.

편 예보가 잘 맞았어도 피해를 당한 분들을 생각하면 무거우시겠어요. 그밖에 이 직업의 어려움이 있다면요?

이 밤 근무하는 게 좀 어려워요. 예보관은 낮이나 밤이나 일의 강도가 비슷해요. 오히려 밤에 일이 좀 더 많을 수도 있고요. 주간 근무할 때는 점심시간이 딱 정해져 있어서 지킬 수 있는데 야간 근무할 때는 한밤중이나 새벽에 시간이 나니까 밥을 먹기도 좀 애매해요. 근무하는 조에 따라 야식을 먹는 조도 있고, 간식만 조금 먹는 조도 있고 그래요. 야식을 좋아하는 사람들은 살이 좀 찌더라고요. 야식이 족발이나 보쌈, 치킨 이런 거니까 기름지고 칼로리가 높죠. 이렇게 교대근무를 하니까 식사가 좀 불규칙해져서 위장병이 생기기도 하고요.

편　밤새 쉴 틈 없이 일하고 나면 아침에 많이 피곤하시겠어요.

이　야간 근무 조가 아침에 교대 회의할 때 상황보고를 해요. 그러면 동쪽이랑 서쪽을 헷갈리게 말하는 사람이 정말 많아요. 서풍이 불어야 한다고 말해야 하는데 동풍이 분다고 한다거나, 동쪽에 있는 중국에서 바람이 유입된다고 말하는 거죠. 중국은 우리 서쪽에 있는데 말예요. 그래도 다 알아들어요. 주간 근무 조도 곧 야간 근무를 하면 그렇게 말하게 되거든요.^^

편　날씨예보가 틀렸다며 항의 전화를 하는 시민들도 있다고 들었어요.

이　네, 많죠. 요즘엔 총괄예보관에서는 직접 항의 전화를 받는 경우가 많지 않아요. 각 시간대마다 해야 할 일들이 빠듯하게 있는데 이런 항의 전화까지 받으면 업무를 할 수가 없어요. 비가 온다고 했는데 안 오는 날 일을 못 나간 분들이 '내가 하루 일당이 얼마인데 그거 너희가 보상해 줄 거냐?'고 항의 전화를 많이 하신대요.

예전에 직접 항의 전화를 받았을 때 자주 전화하는 분 중에 번개에 민감한 분이 있었대요. 번개만 치면 전화해서 왜 번개 쳤는데 기상청에서는 아무 말이 없냐고 항의를 하신 거죠. 여러 번 전화를 받으니까 예보관과 친분이 생긴 거예요. 그래서 전화가 뜸했다가 오면 요즘 어떻게 지내느냐고 안부도 묻고, 오늘은 번개가 안 치니까 걱정하지 말고 자라고 다독이기도 했다고 해요.

예보관으로서 기후변화에 대한 생각이 궁금해요.

편 예보관으로서 기후변화에 대한 생각이 궁금해요.

이 기후변화는 분명히 있는 것 같아요. 그런데 문제는 기후변화를 수치예보모델과 기상예보관이 어떻게 예측하고 예보에 반영할 것인가 하는 문제가 생겨요. 여름철에 한 번도 기록된 적이 없는 높은 온도가 예상될 때 수치예보모델이 과연 그걸 반영해서 얼마나 현실에 근접한 예측을 할지도 모르겠고요. 그걸 해석하는 예보관이 어떤 해석을 내놓을 수 있을지도 고민이죠. 2022년 10월에 비가 많이 내렸을 때 예보관들이 좀 당황했어요. 과거의 기록을 찾아봐도 비슷한 사례에서 10월에 내리는 비의 양이 여름철 내리는 비의 양만큼 내린 적은 없었거든요. 수치예보모델은 강수량을 잘 못 맞추는데 예보관도 이런 일은 처음이라 예측하는 데 어려움이 있었어요. 그래서 실제 내린 강수량보다 적게 예측을 했었죠.

편 기후변화가 일어나면서 과거의 경험치로는 미래 예측이 어렵기도 하겠어요.

이 그렇죠. 기후변화가 가속화된다면 우리는 과거에 경험하지 못한 날씨를 경험할 가능성이 커요. 40도 이상의 고온이나 영하 20도 이하의 저온 현상도 나타날 텐데, 무서운 건 폭우와 폭설의 빈도가 높아지고 강수량이 많아질 거라는 거예요. 2022년에는 태풍이 우리나라로 많이 올라왔어요. 힌남노와 난마돌로 우리나라와 일본의 태풍 피해가 컸죠. 앞으로는 이런 대형 태풍이 우리나라로 더 자주 올라올 가능성이 크고요. 그래서 앞으로 예보관이 해야 할 일이 더 많아질 것 같고, 그에 대비해서 기상학에 대한 공부와 연구도 더 많이 할 필요가 있어요.

다른 분야로 진출이 가능한가요?

편 기상예보관이 다른 분야로 진출도 가능한가요?

이 예보관은 방송사로 이직하는 경우가 있어요. YTN이나 KBS에 기상청 예보관 출신으로 날씨를 설명해 주는 일을 하는 분들이 있고요. 대학에 강의하는 분도 있고, 사설 날씨 업체에 취직을 하기도 해요. 앞으로 기상산업이 발전한다면 그쪽으로 진출하는 사람도 늘어날 거예요. 하지만 현재까지는 이직하는 분들은 소수이고 대부분 정년퇴임까지 기상청에서 근무하죠.

기상청,
사람들 이야기

기상관측의 역사가 궁금해요.

편 우리나라는 언제부터 기상관측을 했나요?

이 기상관측은 고대부터 있었을 거예요. 농경사회는 일조량과 강수량이 중요하니까 가뭄과 홍수에 대해 각별한 주의를 했을 것 같아요. 다만 문서로 기록된 것은 삼국시대부터 찾아볼 수 있어요. 『삼국사기』에는 천문이나 기상 정보가 약 1,000여 건 기록되어 있어요. 그중에서 가뭄이 심해서 기우제를 지냈다는 기록이 많이 있죠. 고려 때는 서운관이라는 관청에서 날씨와 천체 현상을 기록하고 그 변화를 예측하는 일을 했고, 조선은 관상감으로 이름을 바꾸어 같은 일을 했죠. 조선에서는 기상관측의 역사에서 가장 큰 성과가 있었어요. 바로 세종 때 발명된 측우기죠. 지금은 강수량을 측정하는 게 기상관측의 기본이지만 당시에 비가 얼마나 내리는지 관측하기 위해 기구를 만들었다는 건 획기적인 사건이었어요. 이탈리아의 카스텔리 우량계가 1639년에 나왔는데 측우기는 1441년에 제작되었으니까 198년이나 앞서 강우량을 측정했으니 놀라운 발명이죠.

편 근대 기상관측은 언제부터 시작했나요?

이 우리나라에서 근대적인 기상관측이 시작된 건 1884년이었어요. 고종이 임명한 조선 해관 총세무사 묄렌도르프가 인천항과 원산항에 기상관측 기기를 설치해서 근대적인 기상관측이 시작되었죠. 1887년에는 부산항에도 설치되었고요. 1904년부터 총 7개의 관측소가 설치되고, 1907년에는 8개소가 추가로 설치되어 전국적인 기상 관측망을 구성했어요. 세계적으로 근대적인 기상관측의 역사가 100년이 넘는 나라가 드물어요. 일제강점기가 되자 일본은 1927년 5월부터 상층기류 관측을 시작했어요. 대륙진출을 위해 항공기상을 지원하기 위한 목적이었죠. 그래서 우리나라 관측소를 정비하고 기상정보를 수집했어요.

편 기상청이 변화해온 과정도 궁금해요.

이 해방 후 일반 기상관측은 전쟁 시기를 제외하고 지금까지 매일 정기적으로 실시되고 있어요. 기관의 명칭은 국립중앙관상대에서, 중앙관상대로, 중앙기상대로 변경되었다가 1990년 지금의 기상청이 되었죠. 기상청 역사에서 중요한 지점은 수치예보업무의 시작(1991년)과 슈퍼컴퓨터 1호기 도입(1999년) 2010년 천리안위성 1호 발사로 위성관측이 가능해진 것이 아

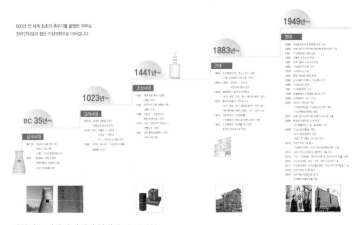

대한민국 기상의 과거와 현재(출처: 기상청)

닐까 싶어요. 그리고 2019년에 개발해 2022년 도입된 '한국형 수치예보모델KIM'도 빼놓을 수 없겠네요.

🔲 세계 최초로 기상청을 만든 나라는 어디인가요?

⚪ 최초로 기상청을 만든 나라는 프랑스예요. 기상청을 만들게 된 계기는 크림전쟁이었죠. 전쟁이 한창이던 1854년 11월 14일 폭풍우가 크림반도를 덮칩니다. 이 폭풍 때문에 프랑스 연합군은 큰 피해를 입게 되었어요. 심지어 프랑스 군함 앙리호가 침몰하는 일도 발생했죠. 이를 계기로 프랑스는 기상으로 인한 피해를 예방할 수 있는 방법을 찾는데 관심을 가지게

돼요. 프랑스 정부는 이 일을 파리 천문 대장인 르 베리에Urbain Jean Joseph Le Verrier에게 맡겼어요. 르 베리에는 조수 리아스와 함께 유럽 각지의 관측소에 연락해 폭풍우에 대한 자료를 모았어요. 이렇게 약 250여 통의 기상 기록을 보고 조사한 결과 그 폭풍은 에스파냐 부근으로부터 지중해를 거쳐 흑해로 진행해 왔다는 것을 알게 되었죠. 나폴레옹은 르 베리에의 분석 결과에 만족하고 폭풍 경보를 내기 위한 광대한 기상 관측망을 설치하는 계획을 세워서 진행해요. 크림 반도의 폭풍이 있었을 때부터 불과 4년 만인 1858년 프랑스는 국내를 넘어 외국에서도 기상 전보를 입수하게 되죠. 이 자료를 바탕으로 1863년엔 세계 최초의 일일 일기도가 실린 신문이 간행되었어요.

예보국 조직 문화는 어떤가요?

(편) 예보국 분위기는 어떤가요?

(이) 예보국에는 다양한 연령대의 예보관들이 있어요. 오랫동안 예보관으로 일해서 경험이 쌓인 분들도 있고, 과학기술 지식을 꽤 가지고 있는 젊은 예보관들도 있죠. 요즘 세대 갈등 이야기도 있는데, 우리 부서는 그런 갈등이 없는 것 같아요. 경력이 오래된 예보관들은 젊은 예보관들의 과학 지식 이야기를 경청하고, 젊은 예보관은 선배들의 경험을 귀 기울여 들어요. 조화가 이루어진 부서라고나 할까요.^^

(편) 평등한 관계를 통해 소통하는 조직이군요.

(이) 네. 그래서 가끔 격의 없이 과장님과 내기를 하기도 해요. 날씨가 좀 어려운 때가 있어요. 심각한 건 아닌데, 비가 올 수도 있고 안 올 수도 있는 날씨나 오긴 올 것 같은데 얼마나 올지 판단이 되지 않을 때 과장님과 커피 내기를 하죠. 저는 비가 5mm를 넘지 않을 거다, 과장님은 5mm는 넘게 올 거다 하고요. 주로 진 사람이 지하 매점에서 파는 2천 원짜리 커피를 사죠.

편 좋은 분위기에서 일을 하시네요. 어떻게 이런 분위기가 되었을지 궁금해요.

이 선배님들은 지식과 경험이 워낙 많아요. 그래서 여기에서 나오는 '촉'이라는 경험치를 무시하지 못하겠더라고요. 어떤 예상치 못한 상황이 벌어졌을 때 예측하는 거나 대처하는 방법에서 배울 점이 많아요. 그런데 요즘은 워낙 기후변화가 심해서 예전에 경험해보지 못했던 기상현상이 일어났을 때는 이분들의 촉이 맞지 않을 때도 있어요. 그럴 때는 오히려 젊은 직원들의 대기과학 지식과 과학적인 데이터 분석 능력이 도움이 돼요. 사실 오랜 경력을 가진 분들이 신입 직원들의 의견을 받아들이기가 쉽지 않아요. 그런데 이분들은 잘 들어주세요. 그럴 수도 있겠다고 긍정해주시고요. 아마도 전국 예보 토의 문화가 있어서 그런 것 같아요. 대부분의 기업이나 국가기관에서 어떤 결정을 내릴 때는 윗분들만 모여서 하잖아요. 그런데 우리는 전원이 모여서 직급과 상관없이 토의하고 예보를 결정해요. 의사결정 과정이 굉장히 평등한 조직이죠.

편 전국 예보 토의에서 자신의 의견을 강하게 밀어붙이는 분들은 없나요?

이 그러기가 어려워요. 사실 요즘은 과거의 자료와 경험치를 뛰어넘는 현상이 나타나고 있어요. 2022년 한 해만 봐도 8월 8일의 서울 집중호우도 있었고, 10월에 이례적으로 높은 기온에 비까지 많이 내렸잖아요. 이런 일은 아무리 경험이 많은 분들이라도 경험해보지 못한 현상이에요. 그러니까 자신의 예측이 절대적으로 옳다고 확신을 할 수가 없죠. 우리끼리 하는 얘기가 있어요. 집단지성의 힘으로 예보를 생산해야 한다고요. 모두의 지혜가 모아졌을 때 좀 더 오차가 없는 예보를 생산할 수 있다는 걸 다 아니까 유연한 사고를 가지게 되고 상대방의 말을 경청하는 태도가 생기는 것 같아요. 그래도 나이가 많고 경력이 높은 선배들이 까마득한 후배들의 의견을 경청하는 건 쉽지 않을 것 같은데 그러시더라고요. 저는 이런 선배님들이 굉장히 존경스러워요.

외국의 일기예보와 차이가 있나요?

편 외국의 일기예보와 우리나라의 일기예보가 차이가 있나요?

이 우리나라 방송국에서는 뉴스 끝에 한 1분 정도 기상예보를 해요. 이 짧은 시간에 대략적인 전국의 날씨를 예보하죠. 그런데 일본은 우리나라보다 기상예보하는 시간이 길어요. 한 5분쯤 되는 것 같아요. 꽤 자세하게 지역의 날씨를 알려주고, 태풍이나 지진과 같은 기상 현상이 일어날 때는 시청자가 알기 쉽게 설명도 해요. 그런데 기상캐스터가 늘 손가락 모형이 달린 막대기를 들고 지도를 가리키며 해설하는 특징이 있어요. 아직 디지털화가 덜 되어서 아날로그 감성이 있죠. 또 우리나라는 아직 기본적인 정보를 제공하는 것에 그치는 경우가 많아요. 깊게 설명하면 시청자가 모를 거라 생각하는 경향이 있는 것 같아요. 그런데 미국이나 일본 등 외국의 경우에는 기상 현상에 대한 원인과 진행 과정에 대한 내용을 꽤 자세하게 다뤄요. 시청자의 지식수준을 좀 높이겠다는 의도가 보일 만큼 열심히 설명도 해요. 날씨가 생활과 밀접한 관련이 있어서 더 신경 쓰는 것 같아요.

편 외국도 일기예보는 기상캐스터가 하나요?

이 대부분의 나라에서 일기예보는 기상캐스터가 맡고 있는 것 같아요. 그런데 민간 기상산업이 발달한 곳에서는 기업에서 기상캐스터를 뽑고 교육을 시키더라고요. 만약에 가까운 미래에 기후 변화가 중요한 문제로 인식되면 일기예보를 기상캐스터가 아니라 기상예보관이 할 수도 있을 것 같아요. 현재 KBS 같은 경우 재난 상황일 때 기상청의 재해기상대응팀원 중 한 명이 방송에 나가서 직접 설명하거나, 원격으로 연결해서 자세한 상황을 전달하고 있어요. 시청자의 반응이 괜찮은 것 같아요.

편 외국의 기상청과 우리나라 기상청이 하는 일에 차이점이 있을까요?

이 우리나라와 마찬가지로 대부분의 나라에서 기상관측과 예보의 중심은 국가기관인 기상청이에요. 국민의 안전과 관련된 사항을 기상청에서 통제하고 있다는 점에서 같아요. 그러니까 주의보와 경보 같은 기상 특보는 기상청에서만 낼 수 있어요. 만약에 주의보, 경보를 다른 기관이나 민간 기업에서 낸다면 사회가 매우 혼란스러울 거예요. 그리고 거의 모든 국가에 기상 사업을 하는 민간 기업도 있어요. 차이점이 있다면 민간 기업의 역할인 것 같아요.

미국과 일본은 지역에 따라 민간 기업에서 예보를 내기도 해요. 미국은 땅이 워낙 넓어서 다양한 기후가 나타나요. 한 기관에서 모든 지역의 날씨를 자세히 분석하고 예측하기가 어렵죠. 지방 기상대도 잘 발달해 있는데 그것만으로도 부족한 것 같아요. 그래서 민간 기업에 예보를 생산하고 방송할 권한을 주죠. 미국에 아큐웨더AccuWeather라는 회사가 있어요. 미국뿐 아니라 전세계의 일기예보를 하는 기업이죠. 일본도 마찬가지예요. 일본 열도가 길게 늘어서 있어서 여러 기후가 나타나니까 역시 미국처럼 기상 산업이 발달했어요. 기상 전문가들이 왜 이런 현상이 나타나는지 과학적인 설명도 하면서 기후 지식을 시청자들에게 알리고 있어요.

편 우리나라에도 민간 기상기업이 있나요?

이 우리나라는 케이웨더와 같은 민간 기업에서도 예보를 생산하지만, 방송사를 비롯한 대다수의 언론사에서 보도하는 일기 예보는 모두 기상청에서 생산한 예보를 그대로 내보내요. 기상캐스터는 방송국에서 따로 채용하고요. 이런 점에서 우리나라는 아직 기상 산업에서는 민간 기업이 활성화되지는 않았다고 할 수 있죠.

편 날씨정보를 제공하는 민간 기업이 많다는 건 그만큼 수익이 난다는 건가요?

이 네. 미국의 아큐웨더는 전 세계의 일기예보를 해요. 여러 포털과 계약해서 일기예보를 제공하니까 수익이 나죠. 또 TV나 라디오 등의 미디어 매체와 계약을 해서 방송 시간을 사서 자체적으로 방송을 하는 기업도 있고요. 실제로 미국에서는 이런 민간 기업이 꽤 많은 수익을 올리고 있다고 해요. 그만큼 시청자들이 있다는 거겠죠.

기상정보를 활용해
이익을 창출하는 기업이 있다던데요.

편 기상정보를 활용해 이익을 창출하는 기업이 있다던데요.

이 '날씨경영'이라는 말이 있어요. 기업이 생산, 기획, 마케팅, 영업 등의 분야에 날씨정보를 활용해 이윤을 창출하는 경영 활동이죠. 실제로 기상청이 제공하는 날씨정보를 바탕으로 제품 기획을 하고 영업과 물류, 생산까지 하는 전자 회사도 있어요. 이 회사는 여름 가전제품만 생산했었는데 겨울 가전제품까지 생산하면서 이익을 남겼고, 날씨정보를 활용한 기업 경영으로 연간 약 30억 원의 원가 절감 효과까지 거두었죠. 반대로 보일러만 생산하던 회사가 일산화탄소만 배출하는 사업에서 벗어나 에어컨을 출시해서 성공한 경우도 있고요.

편 날씨정보를 활용해 생산과 판매하는 방식까지 바꾼다니 놀라운 일이에요. 그밖에 또 어떤 기업들이 날씨정보를 활용하나요?

이 날씨정보를 마케팅에 활용해 '대박'을 낸 사례도 있어요. 편의점업계가 그 주인공이죠. 편의점업계는 날씨에 따라 잘 팔리는 제품이 있다는 사실을 알게 되었어요. 예를 들어 구름이 많이 낀 날에 아이스크림이 가장 많이 팔리고 양주 판매가 적어요. 그래서 다음 주 물량을 발주할 때 날씨정보를 확인해서 잘 팔릴 물건을 들여오는 식이죠. 그러면 상품이 없어서 못 파는 일이 생기지 않고, 또 재고가 적게 남아 관리도 편하고요. 날씨는 빵의 판매에도 영향을 미친대요. 무더운 날씨엔 크림빵이 잘 팔리고, 비 오는 날엔 기름진 피자빵 종류가 잘 팔리고요. 막연하게 날씨가 이러면 어떤 제품이 더 잘 팔릴 것이라는 감이 아니라 데이터가 증명하고 있더라고요.

🔲 그러면 앞으로 날씨정보를 활용한 기상산업이 더 발달하겠네요?

🔲 그렇죠. 이제 날씨정보가 돈이 되는 시대가 온 것 같아요. 그래서 날씨정보를 활용한 컨설턴트나 기상사업을 해 보고 싶은 기업에 기상청이 지원하고 있어요. 국내에서 기상산업이 잘 되기를 바라는 것뿐만 아니라 해외에 진출하는 것도 적극적으로 밀어주죠. 해외 마케팅도 지원하고 수출 판로도 개척해 주려고 하고요. 사실 선진 국가들은 이미 기상산업을 국가의 신성장 동력으로 삼고 지원을 적극적으로 하고 있어요. 앞으로는 더더욱 날씨정보가 산업에 미치는 영향력이 커질 거라고 예상할 수 있어요.

기후가 무기가 된다는 말이 들려요.
이런 말은 왜 나왔을까요?

편 기후가 무기가 된다는 말이 들려요. 이런 말은 왜 나왔을까요?

이 무기가 된다니까 좀 무섭게 들리네요. 하지만 아주 틀린 말은 아닌 것 같아요. 지금 일어나고 있는 기후변화가 그 어떤 무기보다 사람들을 위협할 수 있다는 말로 들리거든요. 실제로 기후변화로 인해 대대로 살아오던 곳을 떠나야 하는 사람들이 많이 생겨나고 있어요. 가뭄이나 해수면의 상승과 같은 이유 때문에요. 그리고 폭우와 폭설로 홍수와 산사태가 발생해서 인명피해가 막심한 것도 사실이고요. 한편으로는 그 말을 기후를 무기로 삼을 수 있다고 해석할 수도 있을 것 같아요. 현재 벌어지고 있는 우크라이나 전쟁을 보면 러시아가 기후와 에너지를 무기화하려는 의도가 보였어요. 가스관을 잠궈서 유럽을 압박하려고 했죠. 그런데 이번 겨울 유럽은 이상기온으로 굉장히 따뜻했어요. 러시아가 가스관을 막은 효과가 거의 없었던 거죠. 하지만 가스 가격이 올라서 올해 우리나라 국민들이 비싼 난방비로 많은 피해를 입었죠.

편 기후가 전쟁과 에너지의 문제까지 연관되어 있다는 이야기군요.

이 기후가 전쟁과 관련이 있는 건 사실이지만 기후가 직접적인 영향력을 행사하는 분야는 식량인 것 같아요. 농업에서 가장 중요한 요소가 기후인데 기후변화 때문에 어떤 곳은 농사를 망치고, 어떤 곳은 기존의 농작물을 포기하고 다른 농작물을 재배해야 하는 상황이 벌어지고 있거든요. 예보관의 입장에서 보면 날씨 예측을 잘해서 이런 피해를 줄여나가는데 도움이 되어야겠다는 생각이 들죠.

항공기를 위한 예보가 따로 있나요?

편 항공기가 이·착륙할 때 기상 상황이 중요할 것 같아요. 항공기를 위한 예보가 따로 있나요?

이 항공기를 위해 이·착륙 예보도 발표하고 있어요. 비행 중인 항공기를 위해 우리나라 비행정보구역에 한해 일기도 형식의 저고도중요기상예보, 중고도중요기상예보, 고고도중요기상예보도 제공하고 있고요. 또 항공기와 공항 시설물, 항공기 운항 등에 피해를 주거나 안전에 영향을 미치는 위험기상이 관측되었거나 예상될 때는 항공기상특보도 발표하죠.

편 항공기를 운영하는 공군이나 항공사에서도 기상예보관이 필요하겠어요.

이 공군에는 기상 전문 부대가 있어요. 편의상 기상대라고 부르는데요. 입대한 군인 중 대학에서 기상학, 지구과학 등 관련 전공자를 선발해서 기상예보 업무를 보게 해요. 이등병 때는 기상관측을 주로 하고 장교나 부사관으로 가면 예보를 많이 하죠. 항공사는 기상예보관이 반드시 있어야 해요. 비행기가 이착륙하거나 운항할 때 기상조건이 중요하거든요.

기후변화를 다룬 영화도 소개해주세요.

편 기후변화를 다룬 영화가 있나요?

이 2004년에 나온 〈투모로우The Day After Tomorrow〉라는 영화가 있어요. 한 기후학자가 남극에서 연구하던 중 빙하가 급격하게 녹아내리고 있다는 것을 알게 돼요. 빙하가 녹아 바닷물이 차가워지면 해류의 흐름을 바꿔놓아 지구 전체가 빙하로 뒤덮일 것이라고 주장하죠. 그의 주장은 비웃음만 당하고 직장에서도 문제를 일으켜요. 그런데 실제로 그가 예측한 일들이 벌어지기 시작하더니 며칠 만에 온 세상이 얼음으로 뒤덮이게 되었어요. 대학 친구들이나 기상청에서 일하는 사람들 중에 이 영화를 보고 나서 기후에 관심을 가졌다는 사람이 정말 많아요. 지진이나 화산폭발과 같은 재난 영화는 꽤 있었는데 기후변화를 다룬 영화는 드물거든요. 물론 영화에서처럼 단 며칠 만에 지구가 빙하시대가 되거나 사람이 몇 초 만에 어는 일은 일어나지 않겠지만 기후변화가 기후재앙으로 이어질 거라는 메시지는 확실해요.

기상예보관이 나오는 드라마가 있나요?

편 기상예보관이 나오는 드라마가 있나요?

이 얼마 전에 JTBC에서 방송한 〈기상청 사람들〉이라는 드라마가 있었어요. 거기서 우리가 일하는 예보국이 나왔죠. 회의하는 장면도 있고 사람들이 일하는 장면도 나왔어요. 어떤 부분은 실제로 기상청에서 일하는 것과 많이 닮았더라고요. 드라마 속에서 지방에 있는 관측소에서 오래 근무한 직원은 현실과 비슷한 면도 있어요. 그러면 아무래도 가족들과 멀어지고 갈등도 생기죠. 이 드라마 덕분에 사람들이 기상예보관에 대한 관심이 생긴 건 좋은 일인 것도 같아요.

미래에도 필요한 직업인가요?

편 미래에도 기상예보관은 필요한 직업일까요?

이 저는 미래에도 기상예보관이라는 직업이 반드시 필요할 거라 생각해요. AI 기술이 발전하면 날씨 예측도 AI가 잘 할 수 있을까요? 엄밀하게 따지면 지금도 날씨예보를 생산하는데 엄청난 고성능의 슈퍼컴퓨터의 힘을 빌리고 있어요. 비록 AI 는 아니지만요. 그런데 슈퍼컴퓨터가 생산한 수치예보모델은 예보관의 분석을 거쳐서 수정되거든요. 모델이 계산하는 게 현실과 차이가 있기 때문에 그런 건데요. 그 차이가 줄어든다 고 해도 날씨는 미래를 예측하는 건데, AI는 과거의 데이터를 학습하고 그 결과를 가지고 날씨를 예측할 거란 말예요. 그런 데 요즘 기상현상을 보면 매년 기온이 조금씩 오르고 있어요. 이상 기후도 여러 곳에서 나타나고 있고요. 예보관은 이런 상 황을 고려해서 예보를 생산하죠. AI도 그럴 수 있을까요?

편 과거의 데이터를 학습하는 AI가 변화가 많은 날씨를 예측 하는 게 어려울 것 같아요.

이 그렇겠죠. 당장 저에게 이번 봄은 얼마나 따뜻할까요? 하고 물어보는 분들이 있어요. 이런 질문에 제가 확신에 찬 답을 내놓을 수가 없더라고요. 평년과 비슷하거나 조금 기온이 오를 수도 있다고 대답하죠. 그런데 과연 얼마나 따뜻할지, 따뜻하다가 갑자기 더워질지, 또는 어떤 지역은 따뜻한데 어떤 지역은 여름처럼 더울지 정확하게 예측할 수는 없어요.

편 예보관도 미래의 날씨 예측이 어려운데 AI가 날씨를 예측할 경우 오차가 많이 날 수 있다는 얘기군요.

이 그럴 수 있죠. 그리고 예보에 대한 최종 판단은 사람이 해야 하지 않을까요? 예보는 국민의 안전과 관련이 있어요. 우리가 특보를 중요하게 생각하는 이유는 닥쳐올 위험한 상황에 대비해서 인명 사고가 나지 않게 하고 국민의 재산을 보호하려고 하는 거예요. 그런데 AI의 판단에 따라 나온 예보가 잘못돼서 큰 피해가 났다면 그 책임을 어디에 물어야 할까요? 만약에 AI 기술이 발전해서 예보를 생산한다고 해도 그것을 검토하고 최종 판단하는 건 사람의 몫이라고 생각해요.

자세한 날씨정보는 어디서 알 수 있나요?

편 날씨를 알아보는 방법은 뭐가 있나요?

이 컴퓨터에서는 기상청 날씨누리(www.weather.go.kr) 사이트를 방문하면 날씨에 대한 거의 모든 정보를 얻을 수 있어요. 전국의 모든 장소에 대한 단기예보, 중기예보가 자세히 나와 있고요, 바다 날씨도 상세하게 알 수 있어요. 그리고 레이더 영상은 물론 위성 영상을 거의 실시간으로 볼 수도 있어요. 관심이 있다면 관측 · 기후 창에도 들어가 보세요. 육상은 관측소가 있는 모든 지역별 관측자료가 1분마다 올라오는 것을 볼 수 있을 거예요. 바다도 마찬가지로 해상기상부이, 등표, 파고부이 등에서 실시간으로 올라오는 관측자료를 볼 수 있고요. 이처럼 기상청의 관측자료는 모두 공개되어 있어요. 기상에 관심이 있는 학생이라면 이 안에서도 많은 것을 배울 수 있을 거예요. 그리고 기상청에서 만든 날씨 알리미앱이 있어요. 날씨 알리미앱을 사용하면 기온과 체감 온도, 강수량을 확인할 수 있어요. 겨울철 산이나 바다로 여행을 간다면 체감 온도 정보가 아주 유용하죠. 캠핑을 자주 간다면 바람에 대한 정보도 중요해요. 풍속에 따라 텐트를 가볍게 쳐도 되는 날이 있고, 꼼꼼하게 쳐야 하는 날이 있거든요. 그리고 날씨 알리미앱을 사용하면 날씨 알람으로 일일 기상현황과 특보상황 등에 대한 날씨알림이 와요.

편 기상청에서 제공하는 다른 서비스가 있나요?

이 기상청은 국가기관이라서 국민의 세금으로 운영돼요. 그래서 기상청이 가지고 있는 모든 정보는 다 공개돼요. 공개된 자료는 누구나 볼 수 있고, 또 필요에 따라 어디든 사용할 수 있어요. 가공해서 사용하고 싶다면 그렇게 해도 돼요. 아무런 제약이 없으니까요. 이 부분을 사람들이 잘 모르더라고요. 실제로 기상청 웹페이지(https://data.kma.go.kr)에 가면 엄청난 양의 데이터가 있어요. 생활에 필요한 날씨정보와 설명을 제공받을 수 있어요. 사실 저도 어디에 무슨 자료가 있는지 다 알지는 못해요. 그정도로 많은 양의 정보와 지식이 쌓여 있다는 뜻이죠.^^

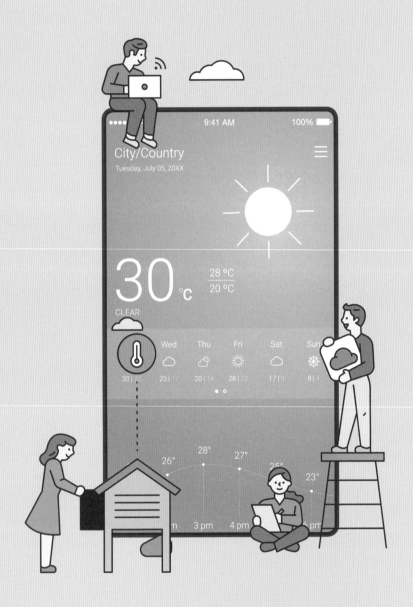

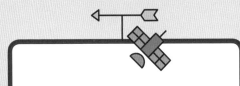

알아두면
정말 좋은
기상
기후서비스

날씨데이터 서비스와 기상자료개방포털

사용자가 언제, 어디서나 무료로 기상청에서 제공하는 공공데이터를 조회하고 다운로드할 수 있는 웹기반 기상자료개방포털(https://data.kma.go.kr)을 운영하고 있어요. 기상자료개방포털을 통해 기상관측, 기상예보, 레이더, 수치모델 등의 데이터를 조회하고 개방형 표준 포맷으로 다운로드할 수 있으며 기온·강수량분석, 기상현상일수, 응용기상분석도구 등 기후 통계분석 콘텐츠도 제공하고 있지요.

기상자료개방포털 누리집(출처: 기상청)

기상현상증명과 기상자료제공 서비스

법원이나 경찰서, 보험사 등에서 의사결정을 위한 법적 근거, 학술연구용 기상자료가 매우 요긴하게 활용되는 분야가 있어요. 기상청은 다양한 분야에서 활용할 수 있도록 과거 기상자료에 대한 『기상현상증명서』 발급과 『기상자료제공』 서비스를 실시하고 있지요. 기상자료 민원은 인터넷 전자민원(https://minwon.kma.go.kr)에서 편리하게 이용할 수 있으며, 기상관서를 통해 오프라인으로 일반민원 서비스도 병행하고 있습니다.

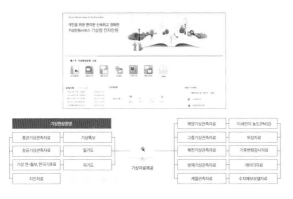

기상자료 제공 목록(출처: 기상청)

생활기상정보(생활·보건기상지수)

메뉴	정보명	제공기간	주요내용
생활기상지수	더위체감지수	5~9월	온열지수(WBGT)를 기반으로 개발되고, 대상과 환경에 따라 차별화된 더위 정보를 제공하는 맞춤형 지수입니다.
	자외선지수	연중	태양복사가 최대인 시간 때에 지표에 도달하는 자외선의 복사량을 지수화한 것입니다.
	동파가능지수	11~3월	겨울철 한파로 인해 발생되는 수도관 및 계량기의 동파가능성을 지수화한 것입니다.
	대기확산지수	연중	발생된 오염물질이 대기상태에 의해 변화(소산)될 수 있는 가능성을 지수화한 것입니다.
	열지수	6~9월	여름철 기온과 습도에 따라 사람이 느끼는 더위를 지수화한 것입니다.
	불쾌지수	6~9월	여름철 기온과 습도에 따라 사람이 느끼는 불쾌감을 지수화한 것입니다.
	체감온도	11~3월	겨울철 외부의 바람과 한기에 노출된 피부가 열을 빼앗길 때 느끼는 추운 정도를 표현합니다.
보건기상지수	식중독지수	연중	기상조건에 따른 식중독 발생 가능 정도를 지수화한 것입니다.
	감기가능지수	9~4월	기상조건에 따른 감기 발생 가능 정도를 지수화한 것입니다.
	천식·폐질환가능지수	연중	기상조건에 따른 천식·폐질환 발생 가능 정도를 지수화한 것입니다.
	뇌졸중가능지수	연중	기상조건에 따른 뇌졸중 발생 가능 정도를 지수화한 것입니다.
	피부질환가능지수	연중	기상조건에 따른 피부질환(건조피부염, 무좀, 두드러기) 발생 가능 정도를 지수화한 것입니다. *민간이양으로 오픈API만 제공
	꽃가루농도위험지수	참나무, 소나무 : 4~6월 잡초류 : 8~10월	기상조건에 따른 꽃가루 농도를 예측하여 알레르기 질환 발생 가능 정도를 지수화한 것입니다.

출처: 기상청

지역기상융합 서비스

지방기상청과 기상지청은 아래와 같이 특화된 정보를 개발하여 지역 공공기관 및 민간기업과 협업을 통해서 지역사회에 제공하고 있어요.

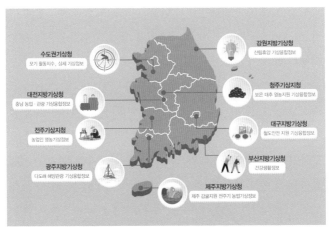

출처: 기상청

우주기상 예·특보 서비스

우주기상이란 인간 활동에 영향을 줄 수 있는 우주공간의 물리적 현상을 의미해요. 우주기상의 발생 원인은 주로 태양에서 방출되는 빛과 고에너지 입자, 우주 방사선 등을 들 수 있어요. 이로 인해 인공위성 운용 장애, 통신 교란, 전력망 파손, 우주방사능 피폭, 지상 관측기 신뢰성 저하, 기후변화 등의 영향이 나타날 수 있지요.

기상청은 태양 흑점 폭발에 의한 우주재난 위협이 증가함에 따라 2011년 9월 30일 「기상법」 개정을 통해 우주기상 예·특보 시행의 법적 기반을 마련하고, 2012년 4월 1일부터 기상위성 운영, 북극항로 항공기 운항, 전리권기상에 영향을 미칠 수 있는 우주기상을 감시하고 있어요. 우주기상과 관련된 공공기관과 언론기관 등을 대상으로 우주기상으로 인한 위험 실황을 6단계로 구분하여 특보를 발표하고 있으며, 예보는 매일 16시에 발표하고 있지요. 또한 웹페이지(https://spaceweather.kma.go.kr)를 통해 우주기상에 대한 소개, 우주기상 실황, 우주기상 예·특보 현황, 해외의 우주기상 정보동향 등 다양한 정보를 제공하고 있어요.

다국어 스마트 기상정보 서비스

외국인이세요? 다국어 서비스를 이용해 보세요.

다문화 시대와 외국인 관광객 천만 명 시대를 맞아 모바일 웹을 통해 영어와 일어, 중국어로 기상정보를 제공해요. 국내 방문 외국인 10명 중 8명이 자국어 기반의 기상정보를 안내받을 수 있지요. 스마트폰이나 태블릿 기기의 기종에 관계없이 모바일 웹페이지(https://m.kma.go.kr)에 접속하거나 QR코드 인식을 통해 실시간으로 기상정보와 예보를 확인할 수 있어요.

출처: 기상청

나도
기상예보관

기상청에서 2023년 1월 31일 오후 5시에 발표한 일기예보입니다. 다음 지도를 보고 예보문을 작성하고 기상청 날씨누리 홈페이지에 들어가 여러분이 작성한 예보문과 비교해 보세요.

기온

지도 오른쪽에 있는 막대그래프는 색깔에 따라 온도를 표시한 것입니다. 지도를 보고 어느 지역이 몇 도가 예상된다는 예보문을 작성해 보세요.

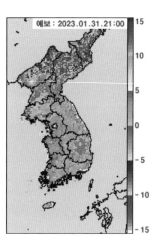

✿ 강수형태

지도 오른쪽에 있는 막대그래프는 강수형태를 표시한 것입니다. 지도를 보고 어느 지역에 비나 눈이 예상된다는 예보문을 작성해 보세요.

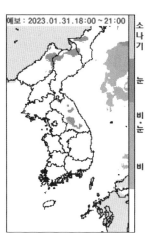

③ 6시간 적설량

지도 오른쪽에 있는 막대그래프는 적설량을 센티미터로 표시한 것입니다. 지도를 보고 어느 지역에 눈이 얼마나 내릴지 예상된다는 예보문을 작성해 보세요.

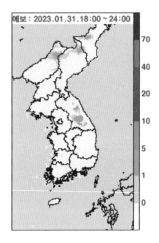

🌐 하늘상태

지도 오른쪽에 있는 막대그래프는 하늘상태를 표시한 것입니다. 지도를 보고 예상되는 하늘 상태에 대한 예보문을 작성해 보세요.

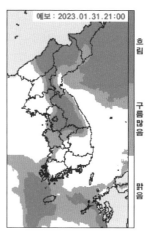

⑤ 습도

지도 오른쪽에 있는 막대그래프는 습도를 퍼센트로 표시한 것입니다. 지도를 보고 어느 지역의 습도가 얼마로 예상된다는 예보문을 작성해 보세요.

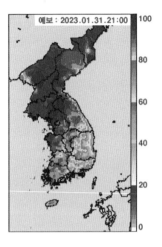

⚙ 풍속

지도 오른쪽에 있는 막대그래프는 1
초당 바람의 속도를 미터로 표시한
것입니다. 지도를 보고 어느 지역의
풍속이 얼마로 예상된다는 예보문을
작성해 보세요.

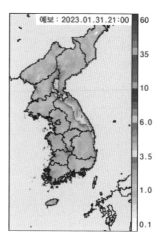

🍧 강수확률

지도 오른쪽에 있는 막대그래프는 강
수확률을 퍼센트로 표시한 것입니다.
지도를 보고 어느 지역의 강수확률이
얼마로 예상된다는 예보문을 작성해
보세요.

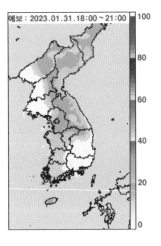

⚛ 파고

지도 오른쪽에 있는 막대그래프는 파도의 높이를 미터로 표시한 것입니다. 지도를 보고 바다의 파고가 얼마로 예상된다는 예보문을 작성해 보세요.

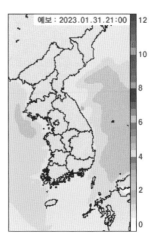

⑥ 풍향

지도 오른쪽에 있는 막대그래프는 바람의 방향과 세기를 화살표로 표시한 것입니다. 지도를 보고 바다의 예보문을 작성해 보세요.

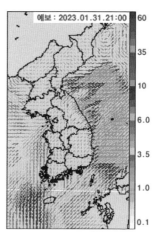

기상예보관
이제광 이야기

편 어린 시절엔 어떤 아이였나요?

이 어렸을 때는 책 읽는 걸 좋아했어요. 어머니가 책이랑 가깝게 지내라고 방을 빙 둘러 책을 쌓아놓으셨어요. 그 덕분인지는 모르겠지만 초등학교 때까지 꽤 많은 책을 읽었어요. 특히 저는 우주에 관한 책을 좋아했어요. 어떤 계기가 있었던 건 아닌 것 같은데 자연 현상을 담은 책, 별과 우주에 관한 책에 더 관심이 많았어요. 자연스럽게 날씨에 관한 책도 읽었어요. 저는 어려서 활발한 성격은 아니어서 주로 책을 보는 시간이 많았고 게임도 좀 많이 하고 놀았어요. 3학년 때까지 게임하며 노는 시간이 좀 많았는데 4학년 때부터 좀 달라졌어요. 그때 아버지가 기술사 자격증을 따신다고 공부를 하셨어요. 그래서 저도 아버지 따라서 독서실에 많이 다녔죠. 그러다 보니 공부하는 습관이 들었던 것 같아요.

편 날씨에 대해 관심을 가지게 된 계기가 있었나요?

이 저는 수치로 기록된 것을 되게 좋아했어요. 날씨는 수치로 딱 나오잖아요. 비가 몇 밀리미터 왔다, 기온이 몇 도였다. 아마 1998년이었을 거예요. 경기도 북부에 비가 엄청 많이 왔었어요. 연천, 고양, 파주, 강화도 이렇게 비가 엄청 많이 왔는데 그때 뉴스를 보고 충격을 많이 받았어요. 흐르는 물에 집이 쓸

려가는 걸 보는데 자연의 힘이 이렇게 세구나 싶어서 깜짝 놀랐고, 강수량 숫자를 보고 더 놀랐죠. 당시에 하루 이틀 만에 600mm의 비가 내렸는데, 그전에 보지 못한 숫자였어요. 그래서 날씨에 흥미가 생겼죠. 근데 당시에는 날씨보다 천문학에 더 관심이 있었어요.

편 천문학은 어떻게 공부했나요?

이 초등학교 교과서에는 천문학에 대한 내용이 거의 없어요. 근데 저는 관심이 많아서 이미 우주에 관한 책을 많이 읽었어요. 중고등학교 때 교과서에서 배우는 내용은 이미 거의 알고 있을 정도예요. 수학은 선행을 한 적이 없는데 결과적으로 과학 분야는 선행 공부를 한 셈이 되었어요. 스티븐 호킹의 책은 『시간의 역사』를 비롯해서 거의 다 읽었고, 칼 세이건의 『코스모스』도 읽었어요. 우주에 관련된 유명한 책은 많이 읽었던 것 같아요.

편 중고등학교 때 좋아했던 과목은 뭔가요?

이 저는 좋아하는 과목과 싫어하는 과목이 딱 갈렸어요. 국어와 영어는 정말 안 좋아했어요. 특히 국어시험에 '이 문장에 대한 느낌으로 알맞은 것은?' 이런 질문이 나오잖아요. 저는 이렇게 느끼는데 답은 딱 정해져 있었어요. 국어성적이 좋지 않아서 시간을 많이 들여서 공부했는데, 좀 화가 많이 났었어요. 반면에 수학 과학은 딱 떨어지잖아요. 원래 흥미도 있어 좋아하기도 했고, 수학 과학은 논리적이고 기본이 되는 학문이잖아요. 앞으로 내가 천문학을 하든 다른 걸 하든 수학이랑 과학은 기본적으로 잘해야 한다는 생각이 들어서 열심히 공부했죠. 그래도 천문학이 제일 재미있었고요, 다음은 물리를 좋아했어요. 물리는 하나만 알면 연쇄적으로 일어나는 일들을 다 설명할 수 있다는 점이 정말 좋았어요. 힘을 주면 질량에 따라 가속도가 생기고, 속도는 마찰에 영향을 받고 등등, 당시에는 세상의 원리를 다 설명해 주는 것 같았어요. 물론 설명 안 된 게 훨씬 많지만요.

편 중고등학교 때 기억에 남은 추억이 있다면요?

이 중학교 때는 가끔 친구들이랑 학원에 빠지고 자전거 타고 돌아다니기도 하고 오락실도 좀 많이 갔었어요. 고등학교는 정말 시골에 있었어요. 학교 주변이 다 논이었어요. 큰 저수지도 있었고요. 차가 다니는 큰 도로에 나가려면 한 1.5km는 나가야 했어요. 큰 도로에서 차 한 대만 겨우 다닐 수 있는 시골길을 1.5km를 들어 와야 학교가 있었으니까요. 정말 문명과 떨어진 곳에 학교가 있고 학생들은 모두 기숙사 생활을 했어요. 어딜 나가고 싶어도 나갈 곳도 없어서 자연을 실컷 즐겼어요.

편 동아리 활동같은 것도 하셨나요?

이 저는 천체관측 동아리에 들어 활동했어요. 고등학교에는 옥상에 천체를 관측할 수 있는 망원경이 설치되어 있었어요. 반원형으로 뚜껑이 열리는 그런 개폐식 돔 안에 있는 망원경 이었는데 거기서 천체관측을 했어요. 시골이니까 별이 굉장히 잘 보였어요. 공해도 없고 다른 빛도 없어서 목성도 보고 토성 도 봤어요. 망원경으로 보면 목성과 토성이 아주 상세하게 보여요. 달도 보고 일식이 일어나는 태양도 관찰했죠. 태양을 볼 때는 셀로판지로 렌즈를 가려놓고 보면 돼요. 이렇게 관측한 내용을 가지고 동아리에서 토론도 많이 하고 재미있었어요. 원래는 동아리 장이 옥상 열쇠를 가지고 있는데, 제가 하도 많 이 옥상에 가니까 아예 저한테 열쇠를 맡기더라고요. 망원경 이랑 연결되는 컴퓨터 프로그램이 있어요. 이렇게 연결해 놓 고 내가 보고 싶은 천체를 클릭하고 좌표를 설정해 놓으면 알 아서 추적을 해요. 카메라를 달면 천체 사진도 찍을 수 있어요. 이런 활동이 정말 재미있었죠.

편 다른 활동도 했나요?

이 밴드에 들어서 드럼을 담당했어요. 1, 2학년 때 활동했는데 공연은 1년에 딱 한 번, 학사일정이 모두 끝나는 12월에 했어요. 평소에는 공연 연습할 시간이 없으니까 많이 못 하다가 공연이 다가오면 매일 모여서 연습을 했어요. 그런데 연습실에 난방장치가 하나도 없었어요. 연습하면서 내가 이 정도 추위를 느끼면 몇 도겠구나 추측했던 기억이 나네요. 당시에 영하 18도까지 내려갔었는데요, 정말 추웠어요. 시골이고 산 밑이라 더 추웠던 것 같아요. 그래도 정말 재미있었어요.

편 과학고등학교니까 과학에 관련된 활동도 했을 것 같아요.

이 과학고에서는 과학전람회 출품도 많이 하고 대회도 많이 나가요. 한 번은 친구랑 도대회에 나가서 상을 탄 적이 있어요. 그때는 물리와 관련된 작품을 만들어서 출품했더니 장려상을 탔어요. 뭐냐면 PVC관으로 LED 빛을 쏘는 거예요. 그러면 관을 따라서 무늬가 다르게 나타나요. 근데 이걸 딱히 일상에서 써먹을 데가 없더라고요. 아마 그래서 장려상을 탄 거 같아요. 아이디어는 좋은데 쓸 곳은 없으니까.

편 대학갈 때 전공 선택은 어떻게 했나요?

이 고등학교 때 저는 지구과학을 전공하려고 했어요. 자연의 힘에 매료되어 있었거든요. 지진과 같은 일이 왜 일어나는지 알고 싶었죠. 물리학도 좋아해서 전공할까 생각해 본 적도 있어요. 그런데 물리학을 선택하는 친구들을 보면 정말 똑똑해요. 제가 고등학교 가서 느낀 건데요, 똑똑한 친구들이 많더라고요. 공부를 별로 안 하는 것 같은데 1등 하는 굉장한 친구들이 있어요.

저는 물리학을 할 머리는 아닌 것 같아서 포기했어요. 그래서 지구과학 전공이 있는 대학을 찾아보니 많지는 않더라고요. 서울대와 연세대 아니면 지방에 있는 국립대학이 지구과학과 관련한 학과들이 있었어요. 그래도 목표를 정해보자고 생각하고 서울대 지구환경과학부에 가야겠다고 마음을 먹었죠. 고2 때 서울대에 원서를 냈는데 떨어졌어요. 과학고는 조기졸업하는 학생들이 많아서 고2를 마치고 카이스트나 서울대에 많이 가거든요. 저도 조기졸업하고 싶었는데 성적이 조금 못 미쳐서 고3 때까지 학교를 다니게 되었어요. 저희는 한 학년이 46명 정도였는데 40명이 조기졸업하고 고3 때 남은 학생이 여섯 명이었어요. 한 교실에서 여섯 명이 수업을 들었죠. 2학년 끝나고 나서는 실망하는 마음이 있었어요. 근데 1년 더

다니는 게 나쁘지 않았어요. 준비하는 시간도 되었고 힐링도 되었거든요. 오히려 좋은 경험이었고 재미있게 지냈어요. 하지만 학생 수가 너무 적어서 내신등급이 좋지 않았죠. 1등 해도 2등급이었거든요. 다행히(?) 다른 친구들이 수능 준비하느라 내신 준비를 안 해서 제가 2등급을 받았어요. 그리고 올림피아드에 나가서 상을 받았고요. 그때는 올림피아드에서 수상하면 입시에 유리했어요. 다시 서울대에 지원했는데 이번에는 입학을 했죠.

편 대학에서는 무엇을 배웠나요?

이 저는 대기과학과가 있는 지구환경과학부에 입학했어요. 예전에는 대기과학과, 지질학과, 해양학과의 3개 과가 있었는데 지구환경과학부로 통합되었죠. 학부에 들어가면 대기과학, 지구시스템과학, 해양학 중에서 전공 하나를 선택해서 배울 수 있어요. 저는 대기도 관심있었고 지질도 좋아했는데 지질보다는 대기과학에 더 끌렸어요. 그래서 교양으로 지질 과목을 좀 듣고 전공과목은 대기과학 쪽으로 들었어요.

편 기상예보관이 되고 싶다는 생각은 언제 했나요?

이 정확하게 기상예보관이 되고 싶다는 생각은 안 했는데 고등학교 때 기상 분야로 가고 싶다는 생각은 했었어요. 비가 많이 온 날의 경험도 있고, 좁은 지역에서도 날씨가 다르다는 걸 알고 호기심이 생겼죠.

저는 기후에 관심이 많으니까 기상청 예보를 잘 봤어요. 그러면 예보가 틀린 날이 많은 거예요. 그때는 왜 틀리는지 이해할 수 없었어요. 그래서 내가 가서 해봐야겠다는 생각을 했죠. 제가 관심 있었던 것은 작은 지역에 짧은 시간에 일어나는 현상이었어요. 예를 들어 짧은 시간에 비 500mm가 내리면 사람의 생명을 위협하고 재산 피해를 일으키거든요. 그런데 모든 지역에 이런 피해가 나는 게 아니라 어느 작은 지역 한 곳에서만 이런 일이 일어날 때가 있어요. 왜 이런 일이 생기는지 원인을 밝히고 싶고, 왜 이럴 때는 예보가 정확하지 않은지 알고 싶었어요.

편 기상청에 들어와서 바로 예보 전문관이 된 건가요?

이 저는 처음부터 예보국에 지원했어요. 그런데 들어왔더니 예보국이 인기가 없는 거예요. 사실 예보국이 힘들어요. 기상청은 어떻게 보면 예보를 위해 존재하는 기관이에요. 여기서 하는 모든 일들이 결과적으로는 국민들에게 기상 예보를 하기 위한 거잖아요. 저는 그게 좋아서 예보국에 지원했어요. 그

때 막 예보 전문관이라는 직책이 생겼어요. 보통은 기상청 내에서 기후국이나 지진화산 분야 등 여러 부서에서 일할 수 있어요. 그런데 예보 전문관은 다른 부서에 갈 수 없고 오직 예보국에서 전문관으로 일하는 제한이 있죠. 기상청에서 전문관을 육성하려는 의도로 만들어진 직책이거든요. 저는 어차피 예보에 관심이 많아서 다른 부서는 생각하지 않았기 때문에 전문관으로 지원했어요. 그렇다고 처음부터 예보관으로 일을 할 수 있는 건 아니에요. 교육도 받고 업무를 익히는 시간이 필요해요. 처음 2년은 정책과에서 일하면서 예보 업무의 흐름은 어떤지, 어떻게 정책적 판단을 하는지, 예보관을 어떻게 지원할지 등에 대해서 배웠죠. 그리고 예보 전문관이 돼서 지금까지 일하고 있어요.

편 전문예보관으로 발령받아서 첫 근무하는 날은 어땠어요?

이 예보국은 오후 2시에 전국에 있는 모든 예보관이 모여서 토의를 해요. 국장님을 비롯해 200여 명의 예보관이 참여하는 큰 토의예요. 그런데 총괄예보관 1과에 가자마자 그 토의에서 저보고 발표를 하라는 거예요. 아직 업무를 잘 익히지도 못했고 준비가 부족하다고 생각했는데 당장 발표를 하라고 하니까 너무 당황하고 긴장했었어요. 그런데 1년 쯤 지나서 생각해보니까 오히려 그렇게 잘 모른다고 생각했을 때 발표 자료 만들고 발표했던 게 저의 발전에 큰 도움이 되었어요.

편 이 일을 위해 특별히 노력하는 게 있다면?

이 전국 예보 토의할 때 제가 총괄예보관에서 근무해서 발표를 많이 해요. 보통은 5분 이내로 해야 하는데 사안이 중요할 때는 10분 정도까지 하죠. 발표할 때는 유사 사례를 하나씩 얘기를 해요. 그런데 이 하나를 발표하려고 저는 실제로 5개 이상의 자료를 찾아봐요. 혹시 놓치는 것은 없는지도 보고 비슷한 사례들에서 공통점이 있는지도 살피죠. 누가 자료에 대해 물어본다거나 다른 사례는 없는지 물어볼 수도 있잖아요. 그래서 가능하면 더 많은 자료를 보려고 노력해요. 그리고 지금 유학을 준비하고 있는 것도 같은 맥락이에요. 이 일을 하면 할수록 대기과학에 대한 지식이 더 있었으면 좋겠다는 생각을 많이 하게 되거든요. 발표할 때마다 할 얘기가 고갈되고 있구나, 새로운 지식이 필요한 순간이구나하고 느끼게 돼요. 적은 나이가 아니라 뭔가를 새로 시작하는 게 어렵기는 하지만 공부해서 더 좋은 예보관이 되고 싶어요.

편 일상에서 특이한 기상현상을 만난 적이 있나요?

이 봄에 한 번은 속초에 간 적이 있어요. 밤이었는데 저기압이 지나가는 날이었어요. 그런 날은 비도 아니고 눈도 아닌, 어는 비가 내릴 때가 있어요. 비처럼 보이는 물방울이 좀 무겁게 차 앞 유리에 탁 떨어졌는데 바로 얼음이 되더라고요. 처음엔 이게 뭐지 싶었는데 가다 보니까 차 유리창에 얼음이 탁탁 달라붙는 느낌이 드는 거예요. 갑자기 머리가 쭈뼛 서면서 뭔가 핸들이 가벼운 것 같더라고요. 가다 보니까 눈으로 바뀌긴 했는데 긴장되는 순간이었죠. 어는 비는 미국이나 러시아에는 잘 일어난다고 하는데, 우리나라에는 잘 안 일어나는 현상이에요. 어는 비를 맞으면 차가 바로 얼음으로 코팅된 것 같은 현상이 나타나요. 우리나라는 그 정도는 아닌데 도로에 물방울이 떨어지면서 블랙아이스 현상처럼 도로가 미끄러운 상태가 되죠. 눈으로 봤을 땐 도로에 아무것도 없는 것 같은데 사람이 넘어지고 차도 미끄러져서 추돌사고가 많이 나요. 실제로 어는 비를 체험하니까 그게 얼마나 무서운 건지 알게 되었죠.

편 존경하는 인물이나 멘토가 있나요?

이 저는 제 상사들을 존경해요. 지금 국장님과 과장님, 그리고 이전에 만났던 과장님도요. 그분들은 이 일을 30년 이상 해

왔어요. 일단 한 가지 일을 그렇게 오랫동안 했다는 것만으로도 존경스럽지만 더 큰 이유는 그분들이 모두 인품이 훌륭하시다는 거예요. 그분들은 누가 이야기를 해도 정성스럽게 경청하시더라고요. 정말 잘 들으시고 조언도 해 주세요. 제가 어떤 질문에 대한 해법을 찾을 수 있도록 도와주시기도 하고요. 제가 나중에 그 자리에 섰을 때 후배들에게 그럴 수 있을까 저는 자신이 없거든요. 그분들을 만나서 정말 운이 좋았다는 생각을 하죠.

편 청소년들에게 추천하고 싶은 책이 있나요?

이 제가 면접시험을 봤을 때 한 이야기인데요. 저는 헤르만 헷세의 『데미안』이라는 책을 좋아해요. 그 책에는 알을 깨고 나와야 한다는 이야기가 있어요. 알을 깨고 나온다는 건 자신과 투쟁하는 거잖아요. 알을 깨기 위해 노력해야 하고, 안 될 때도 포기하고 싶은 마음과 지친 몸에 지지 않아야 하고요. 그런 내용이 저한테는 되게 와 닿았어요. 누구나 그렇지만 한 단계 성장하기 위해서 자신과의 싸움은 피할 수 없는 거니까요. 이 글을 읽는 청소년들도 그 책을 읽어봤으면 좋겠어요. 사실 제가 유학을 선택하고 나서 또 후회했거든요. 어렵게 들어왔는데 이제 좀 편하게 직장 생활을 할 것이지 굳이 유학 가서 힘든 생활을 시작하려고 하는 제 자신한테 짜증도 나고요. 이런 내적 갈등을 겪으니까 다시 그 책이 생각나네요. 알을 한 번 더 깨는 용기가 필요한 것 같아요.^^

편 스트레스가 생기면 어떻게 해소하나요?

이 제가 작년부터 피아노를 배우기 시작했어요. 피아노를 치면서 힐링을 하고 생활의 변화도 만들어 보려고요. 그런데 피아노가 저를 또 괴롭히더라고요.^^ 잘 못 치니까 그런가 봐요. 저는 운동을 별로 좋아하지 않아서 그러는데 다른 사람들을 보면 운동을 많이 해요. 축구, 야구, 탁구, 당구, 골프 등을 취미로 하더라고요. 회사에서도 취미생활을 권장하고 모임도 지원해주고 그래요. 그리고 정부 부처에서 대회를 연다고 하면 나가서 상도 타고요. 저는 운동 대신에 여행을 많이 가요. 평일에 유명한 관광지에 가면 사람이 별로 없어요. 사진 찍기 좋은 장소에 사람이 없으니까 정말 좋아요. 항공권도 싸고, 맛집에 줄을 안 서도 되고요. 또 사람이 별로 없는 카페에 앉아 한가하게 경치 구경하는 재미도 있어요. 이렇게 즐겁게 여행하면 스트레스가 확 풀리죠.

편 앞으로 어떤 분야의 일을 하고 싶으세요?

이 저는 재해에 대해 관심이 많아요. 재해가 한 번 오면 엄청나게 큰 피해가 발생해요. 그 피해는 너무 큰데 재해의 규모를 파악하는 것이나, 피해의 규모를 예측하기가 쉽지 않아요. 저는 재해가 닥칠 때 CCTV를 열심히 봐요. 비나 눈이 내리는 장면을 계속 보면서 시간당 얼마의 비나 눈이 내리는지 관찰하고 이 재해가 어떤 영향을 미칠지 공부하려고 하는데 그 방법도 쉽지 않더라고요.

아직까지 재해에 대한 데이터가 많이 구축되지 못했어요. 자료도 많이 없고 어떻게 연구해야 할지 방향도 잘 잡히지 않았거든요. 이렇게 큰 재해가 올 때 기상청에서는 200명씩 모여서 회의를 해요. 거기서 경력있는 선배들의 경험치가 많이 반영돼죠. 이 정도 규모의 재해면 어느 정도의 피해가 발생할 것이다, 이렇게 과거의 경험을 바탕으로 결과를 예측하는 거죠. 그런데 앞으로 재해는 과거의 재해와는 다른 양상을 보일 가능성이 커요. 우리가 경험해보지 못한 큰 재해가 올 수 있거든요. 그래서 저는 이런 연구를 해 보고 싶어요. 아직 젊을 때 공부를 더 해야겠다는 결심을 하고 준비하고 있는 일이 있어요. 기상 선진국인 미국의 대학원에 진학해서 대기과학에 대한 공부도 더 하고 거기 기상시스템도 좀 배워오려고요.

저는 늘 같은 일을 하는 직장인으로 머물기보다는 같은 일을 하면서도 발전하는 예보관이 되고 싶어요. 바램이긴 한데 노력하면 이뤄지지 않을까요?

청소년들의 진로와 직업 탐색을 위한
잡프러포즈 시리즈 60

날씨를 번역하고 미래를 해석하는

기상예보관

2024년 11월 15일 | 초판 2쇄 발행

지은이 | 이제광
펴낸이 | 김민영
펴낸곳 | 토크쇼

편집인 | 박성은
표지디자인 | 이든디자인
본문디자인 | 김정희
마케팅 | 신성종
홍보 | 이예지

출판등록 | 2016년 7월 21일 제2023-000173호
주소 | 서울시 마포구 월드컵북로98, 2층 202호
전화 | 070-4200-0327
팩스 | 070-7966-9327
전자우편 myys237@gmail.com
ISBN 979-11-92842-14-1(43190)
정가 15,000원